AF274632

VERSOS DESDE
LA TIERRA SERENA

ExLibric

JOSÉ MARÍA ALARCÓN SÁNCHEZ

VERSOS DESDE
LA TIERRA SERENA

EXLIBRIC

ANTEQUERA 2025

VERSOS DESDE LA TIERRA SERENA
© José María Alarcón Sánchez
© de las imágenes del interior (excepto Córdoba y Sevilla): Fernando del Pino Díaz
Diseño de portada: Dpto. de Diseño Gráfico Exlibric

Iª edición

© ExLibric, 2025.

Editado por: ExLibric
c/ Cueva de Viera, 2, Local 3
Centro Negocios CADI
29200 Antequera (Málaga)
Teléfono: 952 70 60 04
Fax: 952 84 55 03
Correo electrónico: exlibric@exlibric.com
Internet: www.exlibric.com

ISBN: 979-13-87944-83-4
Depósito Legal: MA 1695-2025

Impresión: PODiPrint
Impreso en Andalucía – España

Nota de la editorial: ExLibric pertenece a Innovación y Cualificación S. L.

JOSÉ MARÍA ALARCÓN SÁNCHEZ

VERSOS DESDE
LA TIERRA SERENA

Versos desde la tierra serena es lo más parecido a un río que no se conforma con un cauce, sino que se desborda en mil arroyos, cada uno cargado con los ecos de la vida, del amor, del tiempo, de la muerte... Leerlo es caminar por un bosque de estaciones cambiantes: como lector, uno entra por un sendero de primavera sensitiva y se encuentra enseguida en el crepúsculo de un otoño nostálgico, luego se ve inmerso en la niebla de un invierno reflexivo y, al final, vislumbra los brotes tímidos de una nueva esperanza.

De nuevo, José María escribe como quien talla una joya con manos de platero: con oficio, con memoria, con una sensibilidad antigua que no teme parecer ingenua, porque sabe que lo profundo no necesita ocultarse en el artificio. Su verso es agua que mana de una fuente interior, mezcla de silencio campesino y rumor urbano, donde la naturaleza es cuerpo, la pasión es paisaje y la memoria es templo. Hay en su poesía una constante ceremonia del recogimiento. El silencio no es ausencia, sino personaje; el campo no es escenario, sino interlocutor. Cada poema es una conversación con la soledad, un diálogo entre el yo que observa y el yo que recuerda. Y es que a José María le encanta situarse como peregrino de sí mismo, entre lo que fue y lo que todavía sueña ser.

Metafóricamente, este nuevo poemario es una alforja vieja, repleta de objetos sencillos y esenciales: hojas secas, cartas de amor nunca enviadas, fotografías de la infancia, las primeras lágrimas por una pérdida... Al abrirla, no encontramos un espectáculo de fuegos artificiales, sino la llama serena de una vela encendida en la intimidad. Como un reloj detenido que, sin embargo, marca todas las horas del alma, esta obra no se puede leer con prisa. Requiere tiempo, escucha y, sobre todo, cierta disposición del corazón. Es, en esencia, un canto humilde al vivir y al sentir, tan verdadero como la sombra de un árbol que se despide en otoño.

CARLOS TORRES
DIRECTOR EDITORIAL EXLIBRIC

Prólogo

Toda Antequera conoce a José María Alarcón como el «buque insignia» de una famosa saga de plateros —los González— de nuestra ciudad.

Y digo «plateros» en el sentido gremial que Antequera utiliza para denominar ciertas profesiones. Así como «carpintero» califica a unos delicados ebanistas de los que ya casi no quedan en España, «platero» es aquí sinónimo de orfebre, cuya labor viene atestiguada en la ciudad desde el siglo XVI, quizá por la orfebrería en plata que ha caracterizado —y sigue caracterizando— a una gran parte de la producción antequerana y cuya muestra pasea las calles en los días de Semana Santa.

Pues bien, como decía al principio, su labor no se ha limitado a la dirección de una empresa que va por la tercera generación, sino que se ha encargado de preparar el relevo de la cuarta generación en la persona de sus hijos José Pedro y Blanca María.

Pero, además, en la soledad de su despacho, a salvo de la agobiante labor diaria, entre facturas, proveedores, pedidos, clientes y demás, se aísla del ritmo diario y, entonces, piensa, medita, reflexiona y siente. Y ese sentimiento lo fija a través de la pluma en un poema. Una observación, una ráfaga de sentimiento, la evocación de un recuerdo… ¡Y ahí nos deja su huella en el poema!

Considero un honor que me haya hecho partícipe —quizá debido a mi profesión— de su intimidad poética y, por eso, voy a intentar analizar brevemente lo que me ha parecido más significativo de su producción.

Como buen antequerano, el amor por su tierra, por su entorno y por sus tradiciones sirve de presentación al libro, Versos desde la tierra serena.

La temática de los poemas que siguen tiene el encanto de la temporalidad: una ráfaga de sentimiento-paisaje o, simplemente, la evocación del paisaje en su íntima relación con el sentimiento que él despierta se convierte en poema.

Así, con la melancolía del otoño:

Cae lentamente esta tarde de otoño
con las horas que ya pesan
desesperadamente.

O la impresión dolorosa del paso del tiempo:

Aquel árbol que sombra
de primaveras diera hoy,
en silencio lloran
sus hojas dormidas.

Hay un leve tono juanramoniano en algún poema breve:

No he visto más amor
florecido
que tus primaveras
en mis sentidos.

Y el sentimiento amoroso que permea una gran parte de su labor creativa:

No me sueltes nunca de tu mano,
que pueda vivir ese cielo azul
impoluto y que sirva para siempre
de recuerdo cada instante, cada recodo,
hermosura de tu cuerpo.

Pero lo sensual en su poesía se adentra siempre en lo profundo del sentimiento para fundirse en una sola cosa: el amor. Tono elegíaco en algún caso:

La clarividente lluvia limpia
parte del lastre de sueños imposibles,
y la frialdad del tiempo hace enterrar,
olvidar, todo lo que fue,
y hoy es tan solo eso,
un sueño más.

Entre sueño-recuerdo-pasado-presente, su poesía late limpia y profunda desde lo más hondo del alma a través de imágenes insólitas:

Duerme el tiempo
bajo la luz de aquel farol
que silencia al viento.

Algunas veces, su ritmo se va a hacer más lento, más cerca de la prosa poética que tan bien sabe modular:

Hace frío en tu alma como en la mía.

El río, casi seco, solo transportará
gotas de ese rocío que te cubre
al despertar cada mañana.
Dejemos que el tiempo cure ese sopor
que el sueño tiene para esperar
este nuevo despertar al alba.

El poema fluye a través de un sistema rítmico cambiante, exigido solamente por el propio ritmo interior, nacido del sentimiento que informa una vivencia especial en cada caso. De ahí, la versatilidad de su expresión poética, siempre cambiante, como el fluir del agua, del tiempo, del sentimiento. Ahora vamos a adentrarnos nosotros, como en un jardín encantado, en esta nueva e insólita poesía, para saborearla poco a poco.

Carmen Rivas Resel

POESÍA

NO ME SUELTES

No me sueltes nunca de tu mano,
que pueda vivir ese cielo azul
impoluto y que sirva para siempre
de recuerdo cada instante, cada recodo,
hermosura de tu cuerpo.

Que quede impresa tu imagen
en mi recuerdo, perenne de por vida
e inacabado, y así volver de nuevo
de tu mano, a revivir esa visita,
que nunca, si así lo quieres,
me volverás a llevar de tu mano.

SIN MÁS...

Y, sin más, no queda
más que ese recuerdo
de aquel beso robado
y tan bello.

Rincón y que, al paso leído,
nuestras manos cogidas
y nuestros ojos presos.

Y, sin más, al instante,
cerrando los ojos,
sin mediar palabra...
nos dimos un beso.

SOMBRAS

Caigo en las sombras que persiguen
la fugaz luz del alba.

No encuentro timón en barco
que descanse en los sueños;
solo es como un manojo de espigas
que el sol las seca en la playa del olvido.

Cuando la visión tras el prisma
multiplique aromas
de tornillos, de romeros,
sabré que el cielo y el silencio
imperecedero están
tras la puerta de las mentiras.

CUANDO LA LUZ SE MARCHE

Cuando la luz se marche,
cuando el velo del ocaso
caiga de su fiesta,
siempre estará presente
el viento.

El aroma de tu cuerpo,
fragancia que embriaga,
como la dama de noche
de mi jardín.

Descansa, amor,
mientras yo te sueño.

ROSARIO DE ESTRELLAS

Rosario de estrellas
que en el cielo
adorna la frente con sonrisa,
la de tu sueño.
Camina lento
el pensamiento,
el que de buenas noches
te dejo con un beso.

AMOR DE JUVENTUD

Cuántos brazos
abrazaron mi cuello,
cuántos pechos estrechados
en el mío.

Cuántos arrumacos de amor,
¡cuántos besos!
Nada queda, juventud,
de aquellos bellos momentos.

Tan solo un recuerdo vago
que se pierde en el tiempo.
Todo fue bonito.
Todo fue bello.
Nada fue para mí.
Solo fue un sueño.

BÚSQUEDA INCESANTE

Y buscaré en cada árbol
aquel de tu aire delirante,
princesas de parques,
pájaros que no escuchan
el cante.

Aromas que alivian el amargor.
Y si de cadenas sufres,
caminante,
no grites por un error de amor
que dejaste en tu camino,
sin darte calor de una sombra
de aquella alborada sin amor.

Cuando la felicidad esté
instalada en el corazón,
siempre te encontrarás
a ti mismo;
de esta forma,
también serán sonrisas
a tu alrededor.

SILENCIO DEL CAMPO

Déjame que el silencio del campo
envuelva mi cuerpo,
que sus sonidos naturales
como un lago me sumerjan
en ellos: berrea de ciervos,
jabalíes, conejos… y allá, a lo lejos,
el canto de una perdiz solitaria.

Entre ese rayo de sol que se asoma
hasta mi alma, entre sombras de pinos
con sus altas ramas,
pájaros que cantan casi siempre
en la alborada.

Déjame inquieto en esta playa
sembrada de verde y luces
de sombras sin alma.
Déjame ver tu cuerpo
entre glorias y alabanzas.

Campo agradecido
que cuan bosque encanta,
despierta los sentidos
al sueño cada mañana.

CAE LA ROCA

Cae la roca aquella que era Peña.
Baja deprisa a un río que, sin prisa,
ya la espera.

Cubrirá su cara su alma, su esfera,
y quedará sometida tras su baño
en silencio, sola y presa.

Es como la luz y el viento,
y la pradera, solo tu alma
y la mía, perdidos y sin conciencia.

Vueltas rodadas a saltos
sobre aquel lecho desnudos,
jugando a la gallinita ciega.

Tú, tras la cortina de aquella estancia,
y yo, en el baño tras la puerta,
y abrazados, encontrados, mirándonos…

AGUA

Aguas en fuente
de aguas podrida.
Algas que quietas
y verdes tapan.

La podredumbre de la vida.

Quiero ser agua limpia.
A mis cuatro platos caídas,
cuan maná del cielo
estando dormidas,
aplicando la sed inmoral
de almas perdidas.

Dame paz, dame luz,
dame sol.

Y cielo, que fundidas
cuan barras de gotas
amarradas,
den frutos de primaveras
rotas, en gotas
apagando la sed
de por vida.

LA FUGACIDAD DEL TIEMPO

Brevedad que el tiempo
atrapa en las solapas,
libro que el amor suscribe.

Gotas de agua
queriendo apagar la sed
en un desierto.

Mira despacio,
dale la cara al viento,
eleva tus alas al cielo
y, más tarde, luego,
dale un beso a tu amor,
un abrazo, un te quiero.

PAZ Y MUERTE

Y si los puñales
rompen mi corazón,
sin razón aparente,
que mi sangre
sea arena desplegada
en las arenas de tu playa,
para después darme
la paz y la muerte
en mi Málaga.

MANANTIAL DE SUEÑOS

Aquel manantial que camina
por la garganta seca en nuestra vida
es como esa luz nueva del mediodía,
perdiendo su virginidad en aquel lecho.

Y, sin ser nuestro pecho que está hecho,
y a su bebida ciega senderos que camina,
olvidando todos los silencios por veredas de regreso,
sin pensar en pesares siempre inquietos.

Que los sueños dañan nuestras vidas,
amores secretos que se pierden, fugaces y lentos,
en las puertas cerradas e infinitas
ante la sencillez expresa y oscura de un beso.

Míralo así, robado al alba de este y aquel sueño,
que sueña el sueño que el beso cayó en desgracia;
solo se perdió en el infinito, sin sentido y muerto,
de los más bellos e inolvidables momentos.

Si alguna vez caminas desnuda con el viento
por praderas prohibidas y cargadas de sentimiento,
no dejes acariciar el agua que nos lava e ilumina,
sin olvidar todo lo vivido a través de los tiempos.

OTOÑO

Dime, camino, de dónde vengo,
hacia dónde mis pasos
encamina mi silencio.

Es como una hora muerta
en el silencio de una hoja
caída de otoño.

OCTUBRE

Despacio, somnoliento,
cae octubre bajo el tiempo
de las castañas.

Calientan las manos
de los primeros fríos,
ya pegan potajes y pucheros,
guisao de patas y buen vino.

Pronto los chicharrones,
las zurrapas irán por caminos
distintos a los molletes,
y ni qué decir de los mantecados,
roscos, polvorones, alfajores.

Casi todo llega en octubre,
a renovar esa hoja caída del árbol
que jamás volverá a esa rama.

Es tiempo de rezos y silencios.

MANOS DE PRIMAVERA

Son manos entretenidas
a las sombras de los árboles
que mueren entre pedregales
por caminos y avenidas.

Hoy que son sino paridas,
de hermosos verdes trigales,
cuan los años arrugan cristales,
de sueños, quimeras perdidas.

Manos de primavera entrelazadas,
de amores ya olvidadas,
lloran tristes entre alboradas.
Sueños muertos entre mañanas.

Esas manos que hoy acarician
aguas de manantiales,
cuan auroras boreales
de estrellas renacidas.

DE AQUEL RINCÓN OLVIDADO

De aquel rincón olvidado
en cajón viejo y cerrado,
la palabra muda sepulto.

Silencio de un alma
que, a través del tiempo,
juntó almas gemelas,
envueltas de secretos de amor.

La oscuridad del silencio,
el polvo del olvido cayó
triste y solo, muerto,
incomprendido.

Silencio de un alma
que, a través del tiempo,
juntó almas gemelas,
envueltas de secretos de amor.

La oscuridad del silencio,
el polvo del olvido cayó,
triste y solo, muerto,
incomprendido
en aquel lúgubre rincón.

LEJOS

Estás tan lejos y oigo el silencio
de tus campanas tan cerca.

Sueña mi corazón que estás presa,
pero vives de pie cada día,
con sol y luna en mi sueño.

Mira a tus plantas, el patio
de naranjos lleno,
cuyo perfume me embriaga,
me enamora.

Y sin ser de tu tierra, te llevo
dentro de mi corazón
y de mi alma,
como imborrable recuerdo.

MAGNOLIO

Magnolio que sombra das
a tan bella dama,
siempre con la mirada
perdida, entre gotas,
jarrón que de su mano
agua derrama.

Cuánta primavera vivida
al fondo del parque,
tan sola.
Cuánta sed apagada
de besos que, perdidos,
a tu lado se darán.

No hay más cielo
que mirar a tu parque.
Lo lindo y lo bello
que está de mañana.
Iré a verte, como siempre,
en primaveras y otoños de color.

Y te hablaré de amor,
por tu soledad innata,
la que te recuerda,
la que me enamora.

Seré para ti
ese amante que sueña
que, como siempre,
en mis recuerdos
me hablarás.

Te añora, es cierto,
y vendré a verte,
a pesar del calor
o el frío de ahora.

Y te dejaré un beso
para siempre,
mi amada del cántaro,
a la que amo tanto…
Y a su agua.

SILENCIO

Silencio de color negro
que encoge el corazón
de las almas que perdemos.

Sinfonía sin alma
que nos deja ver la verdad
de aquel jardín en invierno.

No hay tristeza, solo ya
nos deja el recuerdo
de la belleza que disfrutamos
en primavera.

Hoy, las horas
duermen en silencio.

PASTO ENTRE LAS LLAMAS

Y seré pasto entre las llamas
de un llanto sin descanso,
y mis palabras al viento
sonarán tristes, sin descanso.

Y de aquella fuente que emana
de aquel lugar encantado
solo quedará el susurro vencido
a estos oídos cansados.

Y de aquel trino de pájaro
enjaulado,
solo sentiré su libertad,
la que le dará el tiempo
de mi mano.

Y, como yo, triste de ánimo,
nos marcharemos
en silencio,
los dos volando
al viento, a ese lugar
de nuestro eterno descanso.

EL RELOJ

Marca el reloj
de aquel tiempo servido
en aquella calle triste,
sin nombre y apellido.

Y el frío cae despacio
por los caminos perdidos
a la sombra de los árboles
que ya se han dormido.

TARDE DE OTOÑO

Cae lentamente esa tarde de otoño
con las horas que ya pesan
desesperadamente.

Los ocres, en su diversidad de matices,
nos inducen a recordar aquel verdor
que impregnaba nuestras vidas
en unas primaveras que ya,
irremisiblemente, no volverán.

Vendrán otras cargadas de vida
y de nuevos misterios,
pero ahora tan solo son
recuerdos que poco a poco
se desgajan en silencio.

Es ese tiempo del verso y el poema,
del Tenorio y de aquellos amores
que en silencio transita por este parque.

Es una luz tan exuberante,
tan pacífica, que nos hace
reflexionar sobre nuestras vidas,
preguntándote a veces para qué
y que fue o dejó de ser una inmensa
alegría por la vivencia que experimentamos
en el transcurso de nuestras vidas.

Ocres de esa paleta de color
donde el amor tiene su cabida,
donde la paz del espíritu,
de tu alma, sueña que sueña
un sueño tan bello,
y sueño fue y tus sueños
y recuerdos son.

LUZ

Y si alguna vez
caigo en la nada,
mándame la luz
de tu alma,
que ilumine mi camino.

VERDAD

Cuánta verdad hay
en el silencio,
y cuánta oscuridad
la noche encierra.

Solo despertamos
al son lento de un sol
que nos da calor,
aunque después nos abrase.

CUÁNTA PALABRA SUELTA

Cuánta palabra suelta,
cargada de misterio,
de amargura.

Cuántos silencios rotos
por cada verso.

Será quizás la envidia
del guiño que el lucero
del alba a la luna plena
le dedica.

O, tal vez, pueda ser
la incomprensión
de aquella furia en la cascada,
cuando, mansamente,
se abraza el océano.

Solo inmerso
en su desesperanza,
activa el próximo desenlace,
este último que nos deja
al partir con el bagaje
de nuestras miserias.

NADIE

Nadie calla, nadie piensa.
Solo el amor cabalga
en una calesa.

Al paso, el rocío
por primavera,
y un candil rojo
en tu alma prendido.

Vive, flor, huye del frío.
Nunca pierdas el norte
de tu río.

Y si el alma despacio se despierta,
a golpes, sin miedo ni sentido,
dale un beso de amor cada mañana.

SENTIDOS DESORDENADOS

Imagen que tu belleza,
tu esbeltez desordena mis sentidos.

Solo al pronunciar tu nombre,
todos mis pobres adjetivos
se pierden en el silencio del sueño.

La palabra intenta nombrarte
y el alma la desgarra a jirones,
haciéndola muda.

Solo me queda el aroma
del azahar a tus pies
y mis ojos que, ciegos,
te ven en mi conciencia,
en tu recuerdo.

ESE AIRE

De ese aire que dibuja la palabra,
ilusión que sale del fondo del alma.

Sombra oscura que declara
sentimientos vividos al alba.

Dame tu mano, tan blanca,
nieve que a la tierra abraza.

Desnudaré tu sueño mañana,
dejándote en paz hoy, en calma.

Suspiros de rosa en la ventana,
vientos por ríos y montañas.

Dame un beso con sabor a menta,
a rocío, a canela en rama,
y déjame morir en tu sueño…
al menos hasta mañana.

ÁRBOL

Aquel árbol que sombra
de primaveras diera hoy,
en silencio lloran
sus hojas dormidas.

Aquel banco testigo
de su frescura y sombra,
hoy, mudo, solitario y frío
a un horizonte nuevo espera.

Allá, al fondo, octubre,
en su camino,
cubre su sombra
de ocres miradas.

Solo nos queda la visión al fondo.
Dual de nombres: la Peña
de los Enamorado,
o como yo la bauticé,
el Indio dormido.

Verde prado donde no había nada.
Hoy, vida, luz y belleza en calma.
Espejo de una visión que sonora
ilumina las vivencias de mi alma,
dejando en paz mis recuerdos
para hoy y para mañana.

LA MAÑANA

Mira despacio la mañana.
Esconde tu melancolía,
rosa de primavera
entristecida,
por la brevedad de la vida.

Cumple risueña,
tú descansada,
como ola blanca que camina
silenciosa y lenta
a su playa de agonía.

DUERME

Duerme el tiempo
bajo la luz de aquel farol
que silencia al viento.

Aún las hojas muertas
no han partido de su reguero,
loza que presta su cuerpo
callada y en silencio.

Aire que respiro
en un otoño de ensueño.

ENIGMÁTICA

A la Peña de los Enamorados

Es tan enigmática desde fuera
como desde dentro.
Cuántas veces te di vueltas
y vueltas siguiendo al viento
y a tus pies de misterio,
incluso quedé dormido
por un momento.

Me amaneció el día
a tus pies y en silencio,
y el sol desde Antequera
nos saludó luego.
He descansado bajo las sombras
que dan cobijo a tu río,
y que, desde allí, quieto,
te he mirado siempre,
y así, enamorado de ti,
me marché para siempre
callado y en silencio.

Eres ese Indio dormido
con el misterio que de ti tengo.
Eres poema perdido
entre lo escrito y tu misterio.

Eres alondra que al cielo canta,
y alegra al cabrero de tus mañanas,
llovido tierra mojada,
barro de tus entrañas llevo,
tobillo, juagarzos y romeros,
perdiz que se me pierde
tras el sendero, y de aquella torcaz
con más prisa que el viento,
o las cabras salvajes que habitan
tu templo.

Eres ese Indio dormido,
el que siempre llevaré
en su corazón con profundo
y admirado respeto.

Que salga el sol por Antequera,
que ilumine tu rostro, que yo lo vea,
por la eternidad desde el campo,
santo de los quietos, y vive Dios
y me dé memoria para recordar
todos los momentos felices
que siempre pasamos
durante tantos años que fue
como nada… un momento.

LUNA

Me gusta la duda,
cuando vemos la luna.
Es la aurora,
plena de espuma,
asomada al balcón
de tu hermosura.

ABANICO

Abanico que al viento eleva
una canción sin sentido.
Burbuja de sombras,
suspiros.

Volando volutas
de humos perdidos.
Sombras que sin nombre
se han dormido.

LA PAZ DE UN SILENCIO

Quiero vivir en la paz
de un silencio,
entre minuto y minuto,
sin ver alteración que empañe mi sueño.

Cada día en un momento
y cada hora es un tiempo.
Mira tu corazón
y vive siendo feliz este tiempo.

ROSA

La rosa es
como alguna mañana
de primavera.
Hermosa y clara.
Es como el agua de lluvia,
limpia y clara.

La rosa es
como tu cara,
misteriosa, igual de bella
cada mañana.

NOCHE

Noche que, despacio y a oscuras,
de madreperlas, azul sembraba
el cielo.

Cánticos de ángeles
cubiertos de oro, y armiño
de aquel recuerdo.

Voz que sonaba
en la aurora sintiendo,
cuando, al despertar,
no era tu voz;
era tan solo,
solo, un sueño.

ESTACIONES

Verano que asfixia al cuerpo.
Invierno sin frío ni alma,
Sueño de sueños que soñara
que ese puente es un cuento.

Es sentimiento que, puesto,
reclama el amor de la mañana
que, en silencio, duerme preso
entre primaveras olvidadas.

Dame paz y sueños,
y recuerdos que nadan
en aguas solas sin velos.

Y presos de nuevas mañanas,
tomaré un beso de sueños
y olvidaré tu agua que marcha.

TU PELO

Lucha la belleza
de las rosas en tu pelo,
tratando de arrebatar
parte de la belleza de tu rostro.

Aunque en el caso que nos ocupa,
su intento queda en eso,
en el solo intento de alcanzar,
al menos, una ráfaga
de esa maravillosa luz de tu rostro.

AZAHAR DE LOS SENTIDOS

Solo el silencio y el murmullo del agua,
junto al olor de la naturaleza
que emana de los patios,
azahar que enloquece los sentidos.

Dan vida a una vida vivida
y alocada, envuelta de historia,
de amores perdidos
entre callejas justas y prestas
al robo de un beso a la amada.

Duelos a espadas y plumas
con el cornudo marido
apaleado por la deslealtad.
Carreras y prisas
tras las faldas de aquella jovencita
que en sueños tiene
ladrones de monedas y corazón,
y zarandajas de bebedores
que, encrespados por los vapores
del buen vino,
enhebran conversaciones sin causa.

SUEÑO

Siento como el sueño se pierde
en la infinita universalidad
de un sueño,
aquel que nace titubeante
con la fuerza de un huracán,
el que incendia las sensaciones
y los deseos carnales,
y aquel cuyo fuego se pierde en la lumbre
que no recibe más que quimeras
para mantener el fuego encendido.

LA NOCHE

Solo estoy inmerso en el sopor,
embrujo de una noche que no acaba,
tiene una larga vida
que sigo a trompicones por las lagunas,
ensueños de mi memoria.

Intentaré enderezar el rumbo
de este pobre barco
que, cargado de memoria,
de recuerdos, apaga su sed
y lo intenta, abandonado
en los brazos de Morfeo.

Hoy no veo la luna
desde mi ventana.
Sí te veo a ti,
silencio y recuerdo
que mi memoria
castiga a diario.

HUMILDAD

El oro es un metal
con un valor codiciado
a través de los tiempos
y va de mano en mano
y al final se pierde.

La humildad es el único
y mejor valor que no tiene precio
y que es privativo de todas las personas,
aunque unos la ejercen
y otros ni saben que la poseen.

DESPIERTA, PENSAMIENTO

Cuán lenta la noche pasa,
como sombra de sueño enfundada.
Calma lenta que alzara
la voz sonrojada en la mañana.
Despierta, pensamiento,
que, como yo, el amor te reclama.

NO ES MÁS CIERTO...

No es más cierto quien desespera
por aquel camino largo y tortuoso,
marcado por la inmensidad de surcos y veredas
como un sueño, solo, en silencio y virtuoso.

No es más cierto quien te espera, mimoso,
por las sombras oscuras, por la vereda,
la que el campo acoge rendido, presuroso,
sin sentido, inquieto por la espera.

No es más cierto el vivir de esta manera
por aquel tortuoso camino y riguroso,
entre juncos y malezas que ya espera
enamorar las hiedras, mimoso.

No es más cierto de aquel río que, penoso,
entre remansos y recovecos, perdido, llegó,
abrazando morales silvestres y viejos olmos,
entre canto de ruiseñores por la ribera.

VERDAD PERDIDA

Si solo la esperanza ciega al ciego,
si la luz deslumbra tu sueño,
es que tu verdad ya está perdida.

Si lloras en silencio,
la barca del destino
llevará despacio al universo
tu corazón.

Los sentimientos son
como ese nacimiento
permanente de un río,
ese mismo que arropa
entre nubes, sol y sombras
tus sueños.

Que esté siempre el amor
presente en tu vida.
Y que el ciego vea cerca
su esperanza.

SOMBRA

Cuánta sombra perdida
en lucha, costumbre inanimada,
presa de licencias,
fuego, sepultura,
vientos de alma que soplar
tendidos en sueño
que, de silencio en tropiezo,
silencio y adormilado,
muere cuando allá
el alma canta al alba.
No desesperes,
yo ya no siento.

MENTIRAS Y MÁS MENTIRAS

Ley que aprueba rey
y mensaje que al pueblo llega,
henchida de mentiras
por malignas mentes destacadas.

Sombras que al abismo
caen en cascadas azules
de sentidos, aires que pierden
lo vivido por columnas de mentiras
sin sentido.

Y de mentes que no piensan
en camino que al cuerpo
transporte ya dormido.

DAME TIEMPO

Dame tiempo y que mis ojos
reposen en tu aire.
Cuando el sol salga,
que toquen a silencio
las campanas de los miedos,
que crezcan las alegrías
y acompañemos al féretro
del silencio por el camino
de lo olvidado.

Mas si a tu refugio llego,
abre la ventana del pensamiento
y deposita un beso
en la rosa roja del amor.

CAMINO QUE ASOMA

Senda que, presurosa,
te pierdes sin detalle,
ni pararte, ni verte.
Paisaje inigualable.

Y de aquel árbol que asoma
entre sombras y roncales,
de verdes hojas su color toma,
incipientes sombras desiguales.

Mira el camino que asoma
al fondo, sin fin ni pesares.
Solo queda su tristeza,
embutida de joyas y collares.

QUIMERA DE LOCURA

No voy a morder tu alma,
quimera que enarbola mi locura.

Tampoco pisaré el barro
que el río entrega al mar.

Ni respirar ese viento del desierto
que ahoga mi alma.

Solo tendré tiempo para beber
el agua de aquella fuente,
que hoy, apagada y muda,
espera la lluvia con desesperación.

Hoy caminaré ciego por sendas desconocidas
donde el saber me lleve e intentaré comprender
el pensamiento humano, que tanto me desordena.

Estaré para siempre en los análisis de un rincón,
estante de viejas librerías, donde quizás a través
de los tiempos y por azar me coja en sus manos
y se pierda entre mis letras.

Todo tiene su precio.

TIEMPO AL TIEMPO

Dale tiempo
le pido al tiempo,
necesito espacio
para acoplar tu rostro,
tu belleza en mis sentidos.

RUIDO

No todo en esta vida es ruido.
De cuando en cuando,
sin quererlo ni esperarlo,
nos cae un silencio encima
que nos aplasta el respirar,
como si fuese una loza
caída del cielo.

Siempre he respetado
el silencio cargado de misterio.

Es solo eso.
Silencio que nos deja
el cierre de una puerta
tras ese adiós inesperado.

Que tu silencio te acompañe
en ese viaje último, solo,
sin familia ni amigos,
y que te recordemos siempre
como lo que fuiste:
la libertad de la palabra,
del pensamiento desde la cultura.

SONRISA

Sonrisa que la belleza oculta.
Reconocer que la esperanza
siempre espera,
beatitud de una alternancia
a un alma que el desasosiego
engaña.

LIBRO DE MI VIDA

Miro despacio el libro de mi vida,
en él encuentro hojas que están en blanco.
Algún día espero que las rellene
las creencias de una verdad
que, por destino, está en el mundo
de los incomprensibles silencios.

El amor está intacto.
Así debe continuar.

EL ALBA

Amanece silenciosa el alba
y tu cara, que duerme,
solo la despierta
la heladez del rocío.

Hace frío en tu alma como en la mía.
El río, casi seco, solo transportará
gotas de ese rocío que te cubre
al despertar cada mañana.
Dejemos que el tiempo cure ese sopor
que el sueño tiene para esperar
este nuevo despertar al alba.

Que tu día hoy sea bueno
y tu mirar al cielo, tranquilo,
y en silencio transporte tus sueños
al mundo, con tu mejor mirada.

ADORNA TU ROSTRO

Adorna tu rostro la flor del almendro,
nieve blanca que, al filo de cada primavera,
como ese amor renovado viene a verte.

Esa paz blanca desde tu sonrisa inerte
mira a los cielos de nuevo,
y con un beso y un te quiero,
de nuevo sonríe al verte.

REPOSO

Calma tus nervios, reposa tu alma
y que el silencio de la noche
descanse tu cuerpo hasta el alba.
Bebe agua de la fuente de la vida,
sin miserias.
Enciende una vela
al viento que ilumine la mañana.

Camina lento, despacio,
con calma y reza a Dios
al levantar cada mañana.

RECUERDO DE PRIMAVERAS

Cuánta flor nacida de un árbol que enamora.
Cuánta pasión escondida a tus pies soñadora.
Torre del Oro, cuán hermosura contemplada,
que a unas almas acomodas entre sueños
de almohadas, y en un pensar, recámaras
de todas las almas que a tus pies se amaron,
solo un secreto guardaras en tus arcas
para recordar en tu interior luego.

Si cada beso contemplado es un recuerdo
de primaveras y cada sueño un misterio
que tu interior guarda, déjame que piense
como yo, un pobre ciego que nunca
entendiese de amor y sí muriese en el intento.

DEJAD LAS MUSAS

Dejad las musas vivir en paz,
que el sueño silencie al sueño
y las burbujas de su encanto
bañen la fe de su alma.

No despiertes a las musas.
Dejad que el viento las mueva,
que les cante la nana de los duendes
y que las cobijen
en los bosques de Morfeo.

Si al pasar por aquel puente
miras cómo el río llora,
rézale a él, por el alba,
para que su nueva luz
ilumine su alma.

Luego, descansa tus lágrimas
en la almohada de mi recuerdo.

ALMA EN PAZ

Cuánto perdón se necesita
para dejar tu alma en paz.
La belleza está en tus ojos,
en saber ver, en reconocer
los errores, en saber mirar
tras esa puerta el perdón
en la vida.

ENTRE SILENCIOS Y AURORAS

Y después de ese misterio,
sueño loco que atesora sombras
que perdidas siento
entre abrazos de tu sombra.

Y si algo en mi alma pienso,
de tu memoria desde ahora,
quedando solo en mi pensamiento,
entre silencios y auroras.

ATREVIDAS MIRADAS

Por miradas atrevidas
que a tu figura atesoran.

De aquel mozo que ahora
asaltar a tu paso se aventura,
deslizando inquietud,
tu paso avivas salerosa.

Y al llegar a la fuente,
tu cántaro despacio llenas,
con candidez y soltura,
agüita bendita que quita
la sed de tu hermosura.

ÁRBOL MADRUGADOR

Al Torcal

Incipiente árbol que madruga

en las vísperas de la luz
y que tu vista alcanza música
en ocre que, de los tubos del silencio
en aquel órgano perdido allá al fondo,
oímos despacio la belleza
de ambas partituras.

Son setas y esbeltas,
son luz y son faros
que, hacia ese salidero
que a la mar conduce,
dejan prendas dormidas
en la belleza de su contemplación.

Es que, al caminar,
tu vista al cielo mira,
contempla semejante
encuentro: una de rosa pálida
y la otra de ocre
del más bello otoño.

AGÜITA DE LA FUENTE

Agüita de la fuente
que llevas, morena,
para lavar tu cara,
es bendita su pureza,
pues rostro más hermoso
jamás pisó
esta fuente de piedra.

CIUDAD QUE ME ENAMORA

He venido a recaudar dineros
que enturbian las almas indignas.
Cuánto que vivir de menester,
belleza sin parangón alguna,
esta ciudad me enamora, incluso a oscuras,
cuyos silencios son almas
que descansan de un amor eterno.

NANA

Cantaba la tata una nana.
¿Lo recuerdas?

Sobre aquella cuna de enea
miraba tu carita de luna,
mirándote, jugando con tu pelo.
¿Lo recuerdas?

Y eran notas tan dulces,
como lluvia de luceros
en aquel precioso sueño.
¿Lo recuerdas?

Eras dulce de primavera
y sonriente a tu vera.
La tata, cantando,
venció a tu sueño.

VIDA

Y es de tu vida tan sencilla
a un bastón acomodada,
cuan verso despojado
en almohada
en una noche vivida.

Que tu pluma te ilumine,
que te admiren,
te lean de por vida,
y en tus estancias reposen
tus versos, tu prosa,
a veces incomprendida.

DE SOMBRAS

De sombras que al árbol escribo.
Hojas perdidas que el viento lleva,
caminos en ramas sin sentido.

Paz y fuego en letras
de ciegos convertidos.

LAS TRES GRACIAS

¿Por qué lloran las Tres Gracias,
si tu sombra las cobija?
Son como lágrimas llovidas
de un cielo azul celeste.

¿Qué queréis, sino verle
aún de nuevo en vida,
y sentir de su pluma porfía
otro verso de pena y muerte?

«No es el llanto por quererte»,
dijo el poeta,
sin remordimiento.

«No temo a la muerte.
Tan solo pienso en aquel amor
que me dejó inerte».

Hoy lloran las ramas
a lágrima viva
del árbol que me cobija,
inundando de sentido
el lago de mi alma atormentada.

Que no tiene más sentido
que haber llorado a mi amada
en vida, y hoy ya
sin poder verte.

Y si de esta suerte
tus ramas lágrimas lloran y mueren,
ahóguese mi corazón deprisa
para luego marchar junto a ti y verte.

Que no paren las lágrimas,
que vuelen mis golondrinas,
y a coro te canten
cuánto te quise.

Cuánto te quise en mi vida
desde que vivo en razón
en este mundo y te recen
padrenuestros y avemarías,
al marcharse en silencio,
arrancada de mi alma
por esta maldita muerte.

DAME TU MANO

Dame tu mano, mi sueño,
que dormiste mi alma en tu estancia,
y que, al quedarme dormido,
me des un beso.

SILENCIOS

Los silencios en el amor
son como las velas encendidas:
duran, iluminan en silencio,
y luego acaban consumidas.

ENTRE LETRAS

Como una palabra seca,
se pierde el encanto
entre letras de mentiras.
Así es mirar un calendario,
sin santo ni cumpleaños,
perdidos en la angostura
de los silencios.

Y de aquellas risas del alba,
solo le queda marcharse
para un nuevo sol que amanece,
desde la tristeza de ver
marchar una noche inmaculá.

LA MUERTE

¿Es la sepultura quizás
el descanso del alma?
¿O es quizás el silencio
de la muerte la puerta
de la felicidad?

Nos abandona el hombre,
la tristeza envuelve los momentos
que con resignación cristiana
tomamos del viento impreso
en la sabiduría del legado
que nos dejas.

Seguiremos hacia adelante,
y aunque sigo intentando
cómo comprender,
como en su día te dije,
el padrenuestro,
y que, bien tu respuesta,
seguimos rezando.
Así son nuestras vidas.

Descansa en paz,
hermano, y ahora,
más que nunca,
ruega por nosotros.

PALABRAS

Cuánta palabra escrita,
que entre sombras se esconde.

Cuánto corazón sin sosiego,
que dormido se queda.

Cuánta vida perdida
entre noches sin sueño.

Cuánto vivir sin paz,
caminando entre sueños.

Deja entrar la luz
en tu cuerpo
y sonríe de nuevo.

VIVO ENTRE LUCES Y SOMBRAS

No me deis más luz,
ni más mecha a los candiles,
ni vuesas mercedes más velas enciendan.

Yo vivo entre luces y sombras,
a caballo y perseguido de maridos y novios
que, por mucho empeño en guardar tesoros
en baúles de oro,
vivo siempre presto al asalto de bellas damas.

Altas las frentes que adornan cabezas
con mis sobrepuestos, que cuan burlado
vieronme desde las morillas
de viejas alcahuetas para el látigo
de estropajos.
Lenguas viperinas escupan el veneno
de mis asaltos a tan altos castillos,
desmontados a las claras del día.

Y vive Dios, que no hay más que uno,
y rezole para no dar fe y muestra
a la punta de mi espada,
y no dar fin a menesteres
que, sin menoscabo de vergüenza,
pierdan entre mandobles
su honor mancillado.

Cada cual vivimos
al asalto de lo prohibido,
unos el honor y la honra,
otros por los efluvios
de lo bebido en tabernas.

Plenas noches de ronda
que aprietan el gaznate,
otros salvan la vida
por meros doblones,
y otros por marrulleros y campistas.

Pero no me den más luz,
mientras patios mis pies allanan
tras locuras de fermosas doncellas.

ESENCIA DE OTOÑO

Solo queda la esencia perdida
entre un otoño de sombras.

Ya marcharon tus golondrinas
que esperamos saludar
en nuevas primaveras.

Ya quedaron los prados
de flores mustias cubiertos
por la heladez de tu silenciosa
arpa perdida en el trastero
con partituras empolvadas.

Ya tampoco oigo el ruiseñor
en las riberas; el frío recuerdo
de tu vivir se llevó las notas
más bellas, como tus versos.

Nos queda tan solo este recuerdo
de tu imagen que mueve
a los corazones más sensibles
del universo.

BELLEZA EFÍMERA

Sombra que tras de ti camina,
al son de unos pies que danzan
entre paso y paso,
espejo, reflejo bajo el verdor
que, a su paso,
hasta la plazuela nos lleva.

No dejes de admirar tanta belleza,
suena como el viento en los sentidos,
como una puerta, y nueva se abre y cierra
en silencio a unos ojos prendidos.

Que tu espíritu, viajero,
lleve consigo lo visto y no visto.

Y si viste, viste que al oído
también le gusta el sonido.
Es ese silencio desprendido
de un suelo caminante
que te lleva hacia el templo
de la belleza,
la que nunca olvidarás
de haberla vivido y disfrutado
tan solo un instante.

INOCENCIA

Yo promulgo la inocencia,
en flor convertida,
hojas y pétalos que caen
a un mar de dudas perdidas.

Y si la inocencia
es un sentimiento,
que no es más que un océano
de amor dormido,
que cuando la turbulencia
lo jalea,
nuestros sentidos se pierden
en su fuego.

TRISTEZAS

No pienses en tus tristezas,
aunque nos amargue
la oscuridad de la noche.

Piensa en la nobleza
de tus sentimientos,
aquellos que se enredan
en madreselva de la verdad.

Tu verdad.

Que la ilusión,
cuan niños por Reyes,
siga viva,
cargada de esperanza.

Siempre nos queda
un mañana por creer.

EL PUENTE

Cuando pases por aquel puente
que con mil ojos miraba su río,
y que, al vernos venir,
sintió la esencia de su juventud,
en un momento nos vio
y dijo: «Un amor nuevo,
un amor viejo,
es solo eso: AMOR,
el nuestro,
AMOR del puente y su río».

LLUVIA PLACENTERA

De esa lluvia placentera
que a mi rostro cubre,
es como mi alma gemela
que me piensa y huye.

Es agua bendecida
que a una plaza riega,
dejando su impronta bendecida,
como el amor en primavera.

LABERINTO DE AMOR

Déjame que te piense, corazón,
pues si a mis sentimientos me remito,
mi alma se pierde
en los laberintos del amor.

PEREGRINO

Camino lento en lagar, peregrino,
de uvas caídas a caminos dormidos.

Que vino no me darás, peregrino,
de la tierra al lagar, destino.

Que en una simple copa de vino
acaricié la sed de mi alma.

Nunca des más cuentas al destino,
que de una copa de más tu lengua desata,
y tus pensamientos van sin sentido.

NUNCA PIERDAS TU CAMINO

Nunca pierdas tu camino.
Sigue despacio por la senda
que tu vida, olmo, dejaste en vida,
sin sombra, sin ojos ni esperas.

Que la podredumbre de tus venas,
de caminos, de hormigas y arañas
te llenan. Que las lágrimas
por tu triste destino
sea la esperanza para mí
de tu vivencia.

¡Cuántos años, viejo olmo!
¡Cuántas hojas diste en tu vida,
hoy muertas…!
¡Cuánto frío quitas
a cuerpos que esperan!

¡Cuánta sombra en la cumbre
por primavera!
Hoy rezo muy despacio.
Cada piedra, cada hierba
que te hicieron compañía
en tantas horas muertas.

CARPE DIEM

Y si alguna vez
tu prisa el alba alcanza,
mira despacio
la vida que pronto acaba.

No dejes para hoy
lo que puedas hacer mañana.

Hazlo, pero a tu manera,
y piensa primero en ti,
en entender la desnudez
de tu alma.

AIRE ATREVIDO

Salvaje el atrevimiento del aire,
ese que emana de la marisma
y que, al verte, se atreve
a acariciar tu pelo.

Hasta la bravura de la mar
llega mansa, cargada
de blanca espuma
a la playa arena,
que calma la envidia
al asomarse para verte pasar.

Me recuerdas a un sueño,
que una vez se acercó a mí
y solo era eso,
un sueño.

OTOÑO

Duerme el otoño,
silencioso bajo arcos,
troncos de amor
que, risueños,
se dan besos de amor.

Duende que, al silencio,
duerme y hojas
que, cual maná a mis pies,
silenciosas caen para saludarme.

Cada una de ellas es una historia,
que con el vientecillo marchará,
despacio, a la hoguera del olvido.

Nunca dejé de amar,
porque las tristezas, la soledad
llegan, tarde o pronto, a su alma,
quedando para siempre en mis recuerdos.

PENSAMIENTOS

La envidia, el rencor,
el odio, la ingratitud,
el desprecio…
son los peores enemigos
del hombre.

En cambio, su sencillez
y humildad lo hacen crecer
por los caminos correctos.

ÁNIMAS

Solo veo en la lúgubre historia
ánimas que calzan besos
que a un mar llegan en silencio.

Que se pierden
por los jardines de la memoria.

Y si al lagar de tu vida
uva jugo llega,
escríbelo…
Es lo que te queda.

CAMPANAS

Estás tan lejos,
y oigo el silencio
de tus campanas
tan cerca.

Sueña mi corazón
que estás presa,
pero vives de pie cada día
con sol y luna en mi sueño.

Mira a tus plantas el patio
de naranjos lleno,
cuyo perfume me embriaga,
me enamora.

Y sin ser de tu tierra
te llevo
dentro de mi corazón
y de mi alma,
como imborrable recuerdo.

PALABRAS SUELTAS

Cuánta palabra suelta,
cargada de misterio,
de amargura…

Cuántos silencios rotos
por cada renglón.

Será quizás la envidia
del guiño que el lucero
del alba o a la luna plena
le dedica, o tal vez pueda
ser la incomprensión
de aquella furia en la cascada,
cuando mansamente
se abraza al océano.

Solo inmerso en su desesperanza
activa el próximo desenlace,
este último que nos deja al partir
con el bagaje de nuestras miserias.

A LAS CLARITAS DEL DÍA

A las claritas del día
la bruma no se quiere marchar,
y ese puentecito se queda muy triste,
porque lo acaban de destapar.

No te marches, bruma, de mi lado;
me quedaré triste y llorando,
aquí solito de pena.

Ya llegan las claritas del día.
Chiquilla, déjame aquí triste
y soñar que volverás de nuevo,
y para que no pase frío,
me volverás a tapar.

UN SUEÑO MÁS

El agua bendita y el frío alejan de ti,
quizás, el mundo de los sueños,
aquellos que el ser humano te ofrece
cuando pasean por tus estancias.

La clarividente lluvia limpia
parte del lastre de sueños imposibles,
y la frialdad del tiempo hace enterrar,
olvidar, todo lo que fue,
y hoy es tan solo eso,
un sueño más.

ALMA DE CÁNTARO

Y de aquella alma de cántaro,
aguas de la fuente clara
que emanan sonidos vanos
cuan cigarras en árboles cantando.

Y de aquel canario de trinos de oro,
a unos oídos llegaron
con copias de armiño a tu mano.

Sin piedad de aquellos tiempos pasados,
como rosa de abril en mano,
que el tiempo y muy despacio
sus pétalos cayeron,
se marcharon.

Como nos pasa la vida,
entre ríos, entre playas…

SILENCIO AUSENTE

Cuánta palabra desprendida
de un corazón valiente…

Cuánta prosa vertida
en un papel ambulante…

Cuánta letra negra
escapada al suspiro
de esa mente.

Cuánto sueño despejado
entre noches de amor
sin suerte.

Cuánta sabiduría murió
tan solo con su pluma,
su bastón y sin verte.

Quién quedará ahora
en silencio ausente.

Que tus pasos guíes,
que siempre su sentir
siga presente.

LOCOS ENAMORADOS

Como dos locos enamorados,
nuestra imagen de aquel inmenso espejo
que sonríe y nos deja impresos
con nuestra estela.

Vidas que se piensan que fuera
todo son luces y sombras,
hoy sorpresas.

Despertamos muy despacio,
despertando al deseo
que tras de nosotros queda,
y que, al volver a la realidad,
la vida, la de verdad,
nos espera.

Cuan chiquillos sin presión
y sin cabeza, vivimos ese amor
que hoy ya, tras las circunstancias
de nuestras vidas,
allí triste y solo
se nos queda.

ETERNIDAD

Y de un camino
que se pierde en la eternidad,
camina despacio
por las aceras del sueño.

Primaveras que rompen
el agua en acantilados,
playas recónditas
de tu vida.

SEREMOS FELICES

Seremos felices en aquel mundo
que, desconocido, acoja con dulzura
este nuestro amor prohibido.

No dejaré de amarte
ni en la vida, ni en nuestra caída
que nos lleva a la muerte.

LÁMPARAS DE AURORA

Qué lámparas cuelga la aurora
que su luz desparrama.

Donde imagen tan certera
que, al pasar, ilumina tu alma.

Sierpes que enamora
de tu brazo prendido.

Corazón alocado y perdido,
entre tu luz que sonará
a música y a besos,
y recuerdos perdidos.

Dame luz, lámpara que atesoras
pasos en tu calle, que perdidos
hacen volverme loco los recuerdos
que de ti tengo y ya he perdido.

AGUA

Agua que de las nubes
naces y bajas del cielo,
salón y belleza, espejo,
imagen que adorna
y presume la vista
y el pensamiento.

INOLVIDABLE

Inolvidable la blancura de tu cuerpo,
diario prohibido que en mi ser despierta,
gotas de rocío de un frenesí,
que en mis recuerdos quedaron un día.

Fragancia en ramos de iglesia
que permanecen en imágenes,
en mi mente de por vida
que a tu figura atesora.

De aquel mozo que ahora
asaltar a tu paso se aventura,
deslizando inquietud
tu paso avivas salerosa.

Y al llegar a la fuente,
tu cántaro despacio llenas,
con candidez y soltura,
agüita bendita que quita
la sed de tu hermosura.

Y de aquel cántaro
que a la fuente atesora,
guardar tu agua primorosamente
con vestido de seda verde.

Y al caminar presurosa,
tus mejillas son rosadas
por miradas atrevidas
que a tu figura atesoran.

Y después de ese misterio,
sueño loco que atesora
sombras que perdidas siento
entre abrazos de tu sombra.

Y si algo en mi alma pienso
de tu memoria desde ahora,
quedando solo mi pensamiento
entre silencios y auroras.

DEJA VOLAR LA MENTE

Deja volar la mente como el globo
que escapa de la mano infantil.
El aura de aquel caballo sin jinete
camina despacio entre sueños,
los mismos que sueñas siempre.

MORDISCOS DEL ALMA

Presiona aquel mordisco
que el alma lleva con tal brutal fuerza
que, a su vez, la pereza desespera
la maraña de aquel beso.

Y sin más que león fiero,
muerde el silencio y corroe
la muerte de aquel corazón
que hoy ya no siente.

Dejad de beber el agua
de aquella fuente,
veneno que yo bebiera,
sin dar palos al agua,
sin paz que te piense.

Y en aquel camino labriego
que por tu cuerpo transita
perdido entre recovecos
de fiebre, yo de un beso
hoy muera para siempre.

PRIMAVERA

Cuánta vida abraza el puente
desde las luces y sombras del día.
Aún recuerdo todavía
ese que fue tu retrato
y tengo tan presente.

La fuente esparce el agua
y da vida a ese lago
que mantiene tan gratos recuerdos
que fueron y hoy en silencio perecen.

Puente, jardín, que cuidas tus pájaros,
los que se van y los que vienen.
Un amor se fue y otro crece,
una primavera nace y, después,
como yo, también muere.

EL INDIO

Cae en silencio la desnudez
que despacio deja tu vida
en sombra de sueños,
mientras desde el castillo,
tu reloj marca las horas
precisas de tu descanso.

Duerme el Indio, silencio,
que nadie levante la voz,
que nadie interrumpa su descanso.
Solo, dejadlo solo,
con la sábana de la Vega
y el rocío, que este invierno
ya le está llorando.

EL CANTO DEL GALLO

Canta de nuevo el gallo
en esa mañana que desespera,
cubriendo quieta y presa
la luz de vos con su encanto.

Y si al cantar ese canto
manifiesta su destreza,
¡cuánta hermosura expresa,
sin rubor, ni lágrimas, ni llanto!

Y tras su repertorio en canto,
mirará cielo y estrellas,
que al despertar esperas
volverte música y llanto.

Recordarás por cielo y tierra
la luz que desespera,
tus horas y tu flor muerta
sin nadie que te dé la mano.

LUZ

Luz, cuan resplandor
despierta el alba,
mañanita que fresca acude
al manantial de tu alma.

Silencio que tras el tiempo
espera sin razón y olvidada.
Clama al cielo la esperanza
que el beso un día invitara
para luego morir en silencio
entre noches y mañanas esperadas.

Sal al encuentro, alborada,
ya llega tu día que dibujara
un cielo tan limpio y sereno,
como la paz que debe reinar en tu alma.

EL SOL

Buscó el sol entre ramas,
allá, al fondo,
las sombras del silencio,
en ellas, a su amor
para depositarle un beso.

Cada día espera ese instante
en su tránsito breve
para amar en un minuto.

ERIAL

Erial en la espera dormido,
desde la visión sombra de mi árbol
que se marchó, y tú…
nube de tormenta
que no lloras mi silencio.

VIDA

Nuestra vida es
como la barca en el mar:
va siempre caminando
al son de las olas.
No sueltes el timón.

OJOS

Mis ojos miran
dormidos y despiertos,
y brillan con el amor
y lloran en silencio por dolor,
y ven caer los otoños,
y nacer primaveras…

Y gracias por respirar hoy, Señor.

LLUVIA

Mientras caiga la lluvia en tu sonrisa,
mientras el alba mire tu cara tan divina,
mientras la noche ilumine tu descanso,
habrá poesía.

Mientras tu corazón latía
y un beso yo te diera,
mientras sientas en ti mi espera,
mientras estén enlazadas tus manos y las mías,
habrá poesía.

PERDIDO ENTRE LA NIEBLA

Me siento descalzo,
perdido entre la niebla
por caminos tortuosos
que desconozco.
Alguien dijo:
«El saber no ocupa espacio».

Espacio y tiempo,
alma sin alma
que no encuentra nada más
que veredas sin destino.

No es la piedra por su tamaño
con la que tropiezo,
es la precaria falta de ilusión
en el creer que hay que creer.

Intentaré animar mi cerebro
para que deje pensar tan solo
que una sonrisa es el mayor bálsamo
para la tristeza del alma.

SILENCIO

Silencio el reflejo de tu imagen,
reposa en el agua de lluvia.
Bendita lluvia que deja tu imagen
impresa en ese espejo-cristal
que yo admiro.

No es tu belleza en altura,
es tu mirar el que me deja atónito
cuando te miro.

OCASO

Un ocaso que se esparce
por la vega en silencio,
cuyo adiós es tan solo dejar el saludo
con sus últimos y lánguidos rayos de luz.

No deja de sentir su marcha,
no lo hará nunca, pues bien sabe
que en el nuevo amanecer del día siguiente
contarás nada más salir con un beso.

El ocaso te ha dado ese beso
de buenas noches que siempre te dio,
que siempre te dará
hasta el fin de los tiempos.

No estés triste,
nada en esta vida es permanente,
tan solo la fe y la esperanza
de un reencuentro al día siguiente.
Descansa como yo,
que tú ya tienes tu beso
y yo tan solo se lo doy
al viento, esperando como siempre
a ese mañana de nuevo.

SILENCIO

Do estás, gota de rocío,
perdida en la mañana.
Do si tu cara es vergel perdido
entre sombras, sueño y sábana.

Do tu imagen en el espejo
se asoma al balcón de mi alma.
Do camina tu silencio que se pierde
entre aquel árbol sin ramas.

Do tu vista al cielo
en estas mañanas soleadas.
Do que el viento acaricie tu cara
y despacio te deje un beso
de mi amor que te desea y te llama.

BALCÓN AL INFINITO

Balcón y ventana
que, asomada al infinito,
deja ver tu rostro que,
aún dormido,
despierta la mañana.

No es la luz,
es el amor impoluto
de mi alma
el que camina
por los senderos,
esos que parten
desde la belleza antigua
de mis entrañas,
y llega a ti,
cargado de esencias
a tomillo y romero.

ROSA

Hermosa rosa,
que ya has dado tu belleza
y pronto tanta delicadeza caerá
sin remisión al suelo.

¡Cuánto pétalo de color y olor ofrecido,
y tras unos días, todo quedará
en eso, ese gran recuerdo vivido!

PLAYA

Despejada playa que al mar espera
de su tormenta el abrazo
que, sin más, pronto llega.

PUNTADAS DE AMOR SINCERO

¡Cuánta puntada tiene un amor
cierto y sincero, y sin pensar pienso
en aquel triste verso
del hilando perdido
entre el amor de tu pelo!

Quiero buscarlo, mas, luego,
mis sentidos no atinan
a bordar en tu pañuelo:
«¡Ay, amor, cuánto te quiero!».

PERDIDO

Me siento perdido
entre notas sueltas
que un piano suelta
tras dedos desprendidos;
solo queda sin sentido
un invierno que, vivido el frío,
en la cara sujeto,
labra un distendido,
que si no es cierto,
es como una verdad sin sentido.

«DÉJAME VIVIR»

«Déjame vivir»,
le dijo la flor a la roca.
Cuán efímera la vida,
cuánta belleza cuando la primavera asoma.
Es su luz y su candidez
hermosura que la piedra admira
y deja pasar su vida preñada.

RAMA DE ROCÍO

Y perdió aquella rama
impresa de rocío,
solo que estaba muerta
con su corazón podrido.

Servirá la primavera
para remover su camino,
y hojas verdes darán fruto
de nuevo vida por destino.

COSAS DEL AMOR

Y roto de olvido un día,
sin más, dijo adiós.
No llores, corazón mío,
estas son cosas del amor.

SERENIDAD

La serenidad es el camino
que conduce a la meditación,
mediante el cual se llega al entendimiento.

Entonces, se está en paz, o en pie de guerra,
todo es relativo y todo depende del prisma
con el que se compagine.

AGUA

Oigo esa agua que el deshielo abraza,
camino singular que en río florece,
más heme risueño el desasosiego
por verle la cara pronta
la primavera nacer.

Placeres, el runrún,
cascabeleo de ángeles
que, al paso de roquedos,
marchan de prisa
con una sonrisa y un te quiero.

Santa Eufemia, Patrona
para siempre de hermosa Luz.
Te rezamos en la fe de tu virtud
rogando para siempre tu amor.

EL SUEÑO

Es posible que despierte
razón el sueño.

No es mentira ni verdad,
no más cierto
que el sentir latir
tu corazón.

Y tener que dejarlo
en silencio.
Primavera que nace
desde la noche
como tu lucero.

Que sueñes bien,
juntando nuestro sueño.

DESTINO

Si es la fuerza del destino
la que acopla la tinta a la pluma,
empapa su cara sin miedo
en tantas noches oscuras.

Y al rasgar en el papel
de aquella letra tan pura,
mira despacio después
en el espejo del tintero,
y luego deja brotar
las notas del amor
de aquel poema,
de aquel verso.

SOMBRA DE ÁRBOL

Nunca una canción sin río,
ni agua que baje sola,
ni un amor que, perdido,
camine sin sombras.

Deja pues, apetecido,
el banco que sobra
en aquel parque
sin aurora.

Mira despacio
marchar la sombra
de aquel árbol
ya caído.

BELLEZA

¡Cuánta belleza que su visión
en vena queda,
y su recuerdo asombra
el sueño luego!

¡Qué magna visión
y cómo te deja
preso de amor
por primavera!

¡Qué más da
si te veo siempre
desde lejos
y desde cerca!

Si mis ojos solo distinguen
tu altura manifiesta,
da igual si es por Semana Santa
o por Feria.

No la miréis, por favor,
dejadla en paz.
Es para mí
solo su belleza.

FUENTE

Deja la fuente
su alma en el estío.
Más cuando el silencio
muerde de tu alma
una ráfaga de olvido.

Piensas en abrazos
que ya duermen,
y el canto del gallo
cuando el alba despierte.
Deja caer tu cuerpo
sin sentido en esa fuente.

Claro y obscuro el día,
sin piedad, se marcha lento
por senderos sin guía.

Y para partir algún día,
viste de negro el canto
por senderos sin guía.

Y para partir algún día,
viste de negro el canto
de aquel canto sin vida.

ROSA Y CLAVEL

Le dijo la rosa al clavel:
«No soy flor de un día».
Y el clavel le contestó:
«¿Qué importa, si por amarte
muero en un solo día?».

¿DUERMES, AMOR?

¿Duermes, amor, o es simplemente
el calor de mi amor el que te abraza,
el que te ilumina desde el silencio
de la noche?

Eres esa estrella en el universo,
bondad infinita de un te quiero
perdido entre el aroma del naranjo.

El aire que respiro desde la lejanía
me recuerda siempre mi pequeñez
cuando he estado a tu lado,
y no estés triste,
yo acepté que la distancia
hace fuerte nuestro secreto romance.

Duerme ahora como yo,
arropado en la noche
con el esplendor de tu belleza.

VERANO

Zarzales que cuan maraña
les da de beber el río,
sombras y zambra
que al estío ese ruiseñor
escondido les canta.

Hay un lirio solo y perdido,
entre sus riberas oculto,
cuya belleza y color sin dominio
vive y pulula solo sin amigos,
tan solo lo visita
la abeja trabajadora.

Y aquella palomita salida
dentro de los pinos,
y en su vuelo entona una canción
cuyas notas se entrelazan
entre sus calles perdidas
y agradable espino.

Das cobijo y seguridad
a una orilla de tu río
y entre tus ramas canta
ese viejo ruiseñor
que con su voz y su trino
deja boquiabierta a tu alma,

mirando siempre
entre ese entresijo
y nunca dejes de cantar,
ruiseñor,
entre la maraña del espino.

LÁGRIMAS

Lágrimas que el alma recibe
de sentimientos que, perdidos,
derrotan al espíritu,
a tu cuerpo, a tus sentidos.

Sueños que, soñando, fueron
caminos oscuros y perdidos,
miradas tristes sin sentido,
flores muertas, jardín dormido.

No resuciten de ríos tus lágrimas,
son vida de dolor ya padecido.
Olvida, entierra tus sentidos.
Vive, río, que, sin agua,
despertará de nuevo al camino.

Limpia tus lágrimas, peregrino,
deja que por tu mejilla ruede,
que su lentitud riegue tu camino.

CAMINO

Solo soy camino
que, tras color y lunares,
teñido de incertidumbre,
prendido, a una feria acudo vestido.

Tela que mi cuerpo cubre
sin destino.

Y de rebujitos servido,
con calor y adormecido,
que en las tardes feriales perdido,
entre sombras de toldos
miro mi destino.

Y si cada vez que veo
de ilusiones no verte en el camino,
dime que no vuelva en abril,
que tu feria se perdió
en mi alma, en mi destino.

MARGARITA

Y despediré al viento
las hojas de esta margarita,
flor que, como tu piel, ilumina
las noches oscuras en mi vida.

Sin deseo aquella noche
que, embrujada y perdida,
me olvidé de vivir por un instante
tan magna maravilla.

HERMOSURA

No dejo de esplendor,
hermosura adquirida
en tertulias contemplada
y descalzos de ciencia
otra cervecita me tomara
Pues no se hable más,
andemos presto el camino
y viéremos por el Guanchi,
ligado el caso,
con huevos alfombrados
y croquetas de puchero.

Pues séase con Dios,
señorías, que ende
allí hemos de vernos,
y que la Santa Compaña
les guía por buenas veredas
y caminos, y al final,
en el encuentro, el gaznate
sea limpio de buen vino.

MEJILLAS BESADAS

Me ofreció sus dos mejillas,
las que besé con el alma;
al derramar la cara,
el mar saltó de espuma blanca.

Que en aquel primer beso
en los labios nos daba,
esos corazones
que aquel fuego cerraba.

Era como un arcón silencioso,
no hubo más que nervios y miradas.
Y todas fueron en silencio,
hablaron nuestros corazones.

Y después nuestras almas,
fundidos para siempre
en aquel abrazo, amores
que el tiempo cierra
en viejos arcones,
los que el destino reclama.

ALMA DESNUDA

Nubla el alma desnuda
de paz lisonjera vivida.
Mar que, silenciosa y muda,
atrapa sentimientos perdida.

Sube a esa nube desnutrida,
que sueños labriego nubla
y maná agradecido reciba
en su cuerpo santa sepultura.

DÍA DE LA POESÍA

Dame luz y paz y misericordia,
con verte aflorar de nuevo, primavera,
¡cuánta luz y color libera
de tan singular explosión y hermosura!

Si tu cara hoy es un poema
que ni pintor ni pintura tuviera,
paleta de color que pintara
tu cara de amor y tan perfecta.

Abre tu corazón, que hoy es fiesta
de flores silvestres y bien regadas
con paciencia de tu amor que ya naciera.

Y si al plantar tus ojos floreciera
una mirada tan hermosa y señera,
déjame amarte por siempre en primavera.

NARANJO

Naranjo que con tu aroma
perfumas a la Giralda
y tan grata se eleva y apunta
al cielo colmada de felicidad.

¡Qué mala es la envidia!
Yo quiero ser ese perfume
que te embriague,
ese que te enamore
en todo el tiempo.

Solo veo una luz
que te cubre con vestido
tupido en el silencio de la noche.
Dame tu corazón, no tu visión,
para que viva en ti por siempre.

SEVILLA (I)

Yo tengo a mi Sevilla
como un amor prohibido,
como un sueño que vive
perenne en mi sueño.

Como esa montaña inalcanzable,
como ese río que no se mueve
y está quieto.

Como esas tardes de silencio
donde solo prevalece
su aroma, ese olor
a la flor del naranjo…

Embrujo de un «te quiero».

DESPACIO

Despacio, que nadie levante
la voz que interrumpa el silencio.

Solo el aire en tu camino,
amigo del viento.

El agua en tu corazón sintiendo,
callejón del Aire,
memoria y recuerdo.

No te hace falta tanta gente,
solo ten presente este humilde sentimiento,
el mío que por Santa Cruz se pierde
por los mundos del recuerdo.

Te llevaré en mi alma
y en las alforjas
de mis recuerdos,
y despacio me marcharé,
dejándote un beso en tu aire,
en tu agua de silencio.

SOL Y MAR

Cada poro de la belleza
en una piel tostada por el sol
es como ese grano de arena
en el infinito sueño
de una mano en la playa.

La que sostiene el cuerpo
en el horizonte perdido de la mar,
del sueño que se pierde
y se guarda para siempre
en nuestra memoria.

DÉJAME

Déjame que sueñe con tu puente,
ese que cruza tu río,
ese que cruza mi alma
y la parte en dos.

Tu elegante y altiva visión
comprende que no puedo
cambiar mi sentido del amor.

Solo veo tus pies,
y siempre te veré con el sueño
que eres, Giralda.

ANTEQUERA

Eres para mí acendrada perfecta,
cual de la misma manera
llega un momento
que tu ataraxia es
como el fin de la tormenta.

Aunque tu nefelibata
rompa los esquemas,
aunque tu nictofílica batalla,
con el día, siempre eres cielo.

Creo que la resiliencia
en tu vida es dibujo,
alma de acciones determinadas,
así como la bohondía
que corre por tus venas
irradian luz.

Para mí, ese melifemo
es un bálsamo para mis sentidos,
sempiterno, no así,
cuando encuentro personas,
cuya vida etérea es su vida misma.

Efímera, jamás deja huella,
todo lo contrario a ti.
Tú solamente eres lo que eres…
Antequera.

PAZ INTERIOR

Cuando domines,
entiendas y comprendas
tus sentimientos,
empezarás a comprender
tus sentimientos,
empezarás a comprender
lo que es tu paz interior,
felicidad que arropar
a tu alma.

ENREDADERA

Tras la puerta,
oscuridad perdida
en tu silencio.
Solo la paleta del color
hace asomar
al sol enamorado
de tu belleza.
Enredadera, caracola
y fleco multicolor.
Córdoba, color
que enamora.

Esencia, silencio,
paz, calma, rincón
de luces y sombras…
de color.

CÓRDOBA EN PRIMAVERA

Córdoba, la de los mil patios,
esencia, naranjo y limón,
color y zambra, paloma inquieta
que revolotea en la fuente,
esa del agua, color y vida.

Paleta contemplativa,
que como cada primavera
vengo a darte el beso
por esa tu nueva renacida.

Deja que esos minutos
que, al paso, me asomo a tu reja,
cuan enamorado preso y triste,
tendré que llevarme tu regreso.

Ahora de viva voz,
cuando esté en mi Antequera,
como todo enamorado,
desde Menga, Viera, el Romeral,
desde la Peña de los Enamorados,
desde la paz de mi Vega,
te envíe un te quiero y un beso.

Bienvenida de nuevo a mi vida,
desde Córdoba hacia Antequera
soñaré con tu recuerdo.

CUÁNTA AGUA...

Cuánta agua desconocida
que llega, ensimismada
y, de repente, se para su somnolencia.

Y despierta a la vida, al color,
al olor de la virtud, donde un puente
que, a lo lejos ves, te espera.

Es la verdad desnuda de un paso
que, lento y en silencio, camina,
sorprendido por tan magna belleza.

RECUERDO

Y, sin más, no queda
más que ese recuerdo
de aquel beso robado
y tan bello.

Rincón y que, al paso leído,
nuestras manos cogidas
y nuestros ojos presos.

Y, sin más, al instante,
cerrando los ojos,
sin mediar palabra…
nos dimos un beso.

No he visto más amor
florecido
que tus primaveras
en mis sentidos.

Pasos sin cuidado
al olvido,
como el viento
a un beso perdido.

Dame gloria
sin destino
y cubre de silencio
mi alma.

Para siempre, triste,
enmudecido.

MI AMADA DEL CÁNTARO

Como siempre, en primaveras,
y otoños de color
y te hablaré de amor.

Por tu soledad innata
la que te recuerda,
la que me enamora.

Seré para ti
ese amante que sueña
que, como siempre,
en mis recuerdos,
me hablarás.

Te añora, es cierto,
y vendré a verte,
a pesar del calor
o el frío de ahora.
Y te dejaré un beso
para siempre.

Mi amada del cántaro,
a la que amo tanto…
y a su agua.

ESTÁS TAN LEJOS…

Estás tan lejos…
y oigo el silencio
de tus campanas tan cerca.

Sueña mi corazón
que estás presa,
pero vives de pie
cada día
con sol y luna
en mi sueño.

Mira a tus plantas,
el patio de naranjos lleno,
cuyo perfume me embriaga,
me enamora.

Y sin ser de tu tierra,
te llevo
dentro de mi corazón
y de mi alma
como imborrable recuerdo.

INFORTUNIO

No esconde su infortunio quien deprisa vive
y heme aquí con una fe sin sentido,
amando pues en su destino
a Dios y al vestido y desvestido.

Un corazón que, en rezo y letras convertido,
nos dejó atónitos esta historia,
para mí conocido e incomprendido.

Séase, pues, que sus mercedes concedan
mi turbulento sentido de un deber
que, a priori, pudo ser reprimido
y, sin más, fuesen juntados en ese,
para mí, mal camino.

Color que enamora en la soledad,
pedregal del alma,
siendo sola que con su belleza
a esta primavera delata.

Rubor en el color de tu cara,
por Dios bendito,
cuánta belleza.

PERSONAJES

A LA MEMORIA DE ANTONIO BURGOS

Hoy se acaba la historia de aquel gentil caballero,
y a su memoria yo quiero unas letras dedicarle.
Tres letras que, de luto, quedan al margen
en historia impresa, recado de este lector
que se ha quedado como vos al conocer
la noticia, muerto y tieso.

ABC: A de Antonio, B de Burgos y C de caballero.
Lloran los mayorales por caminos y senderos
y, en tu mano, una paloma de la paz;
en la otra, una ramita de tomillo y romero.

Maestrante de academia, genio de la pluma
y el tintero, letra despegada de aquella mesa sin miedo.

Albero de la real, palabra y requiebro
de Juan Ramón, de golondrinas de Bécquer,
las que te acompañan en tu vuelo.

Por Santa Cruz, una copla, una lágrima, un beso
y un te quiero. De Machado y los Quintero.
De Velázquez, pincelada y soez, como el loco
de la colina, Jesús Quintero.

De Serna en su pregón por la campana.
Madrugá sin sueño. De esas Esperanzas:
La Macarena, la de Triana, en su paso tan señero.
De aquel que porta el alma en su cruz:
Gran Poder, Tres Caídas, Sentencia
o el de Jaén, el Viejo.

Del Cachorro de mi alma, allá por el mentidero.
Shhh… Silencio en la Campana. Un dulce
para aliviar el alma y un rezo para este corazón
que hoy está muerto.

Es ese respeto a tu memoria, a tus escritos
y a tus versos. Son recuerdos que ahora veo,
leo y que me dejan sin sueño.

Eres ese pluma gongorina y barroca, y cantarina
del andaluz y el labriego. Eres ese monje de capa
y espada que sabe más por sabio y… aquí lo dejo.

Eres ese Señor de la Salud, de los Gitanos, Requiebro.
Eres esa Luz que el Rocío clama por el camino marismeño.
Eres esa Oración del Huerto, la Santa Cena
o el Prendimiento.
Esa sombra en urna hoy en ese Santo Entierro.
Paloma de la Paz, esa pluma triste ya sin tinta ni tintero.
Ni nadie que te arrope, ahora que, dormida,
quede para siempre en silencio.

Eres esa Real Academia de los sentidos,
hoy mudos y presos. Se ha llevado la vida tu chispa,
tu humor tan certero. Ah, de aquel borrón
que, por Feria de Abril, yo te leí.
Se comía el pescaíto, se bebía el vino y hasta luego.

De aquellos piropos vestidos de faralaes a las mozas,
al entrar a la Feria por los Remedios. Látigo de la pluma
para el político que mal lo ha hecho.
Alabanza y rosas para el que bien lo hizo luego.
Amigo de las siestas, como decía don Camilo José Cela,
de pijama y de orinal. Y de la buena manzanilla de Sanlúcar
con sus langostinos y sus tigres frescos.

De las magdalenas caseras de las monjas, de los mantecados
de Antequera, caseros; de los chicharrones y las mollejuelas,
de las zurrapas de lomo en los molletes de mi tierra dentro.

Del aceite de oliva, de aquel caballo jugando
con aquel toro tan bravo y tan fiero.
Del taxista, ese que te lleva y te trae.
¿A dónde vas? Para volver luego…

De tus mañanas de Carlos Herrera en la Cope,
de tus charlas con Antonio Gala y sus quejidos
de viejo, de las comparsas de Cádiz por Carnaval,
donde nada es verdad y todo es tan cierto…

Ya estás en el cielo con tu Betis, con tu Sevilla.
Y vive Dios, cuánta historia de tu pluma
en este ABC del universo.

Hoy queda vacía tu columna, tan solo rezaré por ti,
por tu alma, dando gracias por seguirte, y hasta siempre,
don Antonio Burgos con un padrenuestro.

GUSTAVO ADOLFO BÉCQUER

Cuando vi aquel árbol solitario
y, a sus pies, frío mármol de tres damas
que al amor y al desamor representan,
es como seguir el sendero
hacia una cumbre que no existe.

Solo la cuna que mece
y se aloja en tu rincón perdido,
corazón que guarda historias en él,
mece y trata de dormir las vivencias
de su tiempo, de aquella mirada,
de aquella caricia, de aquel primer abrazo
y lo peor o lo mejor de aquel primer beso.

Guarda para siempre bajo la sombra
de tu árbol, Gustavo Adolfo, el misterio,
el amor y los más profundos deseos,
los más y sinceros secretos,
de aquel tu amor, ese que muere
en brazos de los silencios.

LUZ ENTRE SOMBRAS

A Juan Ramón Jiménez

Solo pienso en la iluminación
perdida entre sombras,
las mismas que la duda siembra,
entre perejil de rosas…
y si ves un rayo de viento suelto,
piensa que la aurora respira
del mar la brisa que a tu vida
llega en barco, despacio al atraque
de ese muelle, que las mariposas
arropan en los tiempos.

MONTENEGRO, ALMA PRESUROSA

A Sancho Panza

Presurosa el alma que pelea
sin crédito al físico, sin físico,
ni más fe que lo visto visto,
en vos desta o aquella fermosa dama.

Que la fe y la esperanza séanse
pues deste camino incierto,
el cual llevamos tras la dama
de mis sueños,
y sin al compás de los tiempos,
tropiézome de zarandajas
y justas desesperanzas.
Entonces, pues, descansamos
los tiempos y que el sueño
de los sueños invada mi alma,
querido Sancho…

SABIDURÍA MUERTA

Cuánta sabiduría murió
tan solo con su pluma,
su bastón y sin verte.

Quién quedará ahora
en silencio ausente.

Que tus pasos guíes,
que siempre su sentir
siga presente.

Solo la aurora
de tus cenizas duerme.

En aquel jardín dispuesto
a recibirte para siempre.

En estas noches imperecederas
que te contemplan.

MARÍA ZAMBRANO

La paz es tu rostro,
esos ojos que ocultan los miedos,
esos ojos que guardan tantos secretos
y un rostro serio que denota
el paso silencioso en tus momentos
de amargura y que, perfectamente,
disimulas.

Eres la máxima expresión
de esa paz que todos necesitamos,
mi querida María Zambrano.

Que tu misterio desde allá
donde te encuentres
me sirva de ejemplo y consuelo
para seguir en esa búsqueda.

MONTENEGRO

Solo veo a vos, maese Montenegro,
el asueto que os invaden por las plazas
llanas de la estepa antequerana,
y a fe mía que su entronización
en tan menesteres y, a la postre,
satisfaga la mirada,
sueño que en paz repose,
de ese Indio que, dormido,
prestase un rostro sin miedo al cielo
y que mismamente su descanso en letras
que vertidas le acompañe
en su libro de improntas,
imágenes que en paz nos deja
para recuerdo y que, con celo,
guardemos en nuestras alforjas
de la memoria.

LUGARES

CÓRDOBA (I)

Córdoba, que cada piedra
es un poema que juega
con la flor, maceta
que, colgada, regala belleza.

Ese juego de verde
que mira discreto el azul
de las marquesinas en balcones
y ventanas es como tener
el mar en un beso
arropado de azahar.

Eres mora y cristiana,
capital del Califato y esperanza,
rezo de mi fe en tu catedral.

Ese río por cuyas orillas
he llevado un amor que hoy,
perdido entre los silencios
que el agua se lleva de mi vida,
como el verdor de mis sueños
se pierde entre sendas si fuese
madreselva.

En primavera canta el jilguero
y el ruiseñor una copla tan viva
como el respirar por tus callejas
y plazoletas tan recoletas.

Sol ese que tantas veces
en verano tórrido me abrasa
entre sombra y sombra.

La mar muerta, o San Lorenzo,
el Cristo de los Faroles, Manolete,
el torero, plaza de las Tendillas
o la singularidad de Cañero,
ese viejo barrio joyero cargando
a sus espaldas las más bellas
composiciones que adornan
a la mujer de medio mundo.

Semana Santa, Perol y Feria.
Julio Romero de Torres,
verso encadenado a la belleza
de un pincel cuyo retrato,
cada vez que lo veo,
aún me sobrecoge por su belleza
esa mujer morena, espejo de un silencio
que a la noche despierta, al alba le sonríe
y estremece a su paso en primavera.

Córdoba, que de sus patios de oro
y de plata, naturaleza colgada
que a mis ojos cansados hacen perderse
en el ensueño de un canto sin música,
más que la luz de sus flores tan bellas.

Odio ese aire que me engaña
y me envenena por las orillas
de prados verdes en la ribera,
y cómo no salta mi corazón atormentado
de recuerdos en aquella rueda,
rueda de madera que rueda,
que rueda como yo sin paz
ni sosiego por estar más tiempo
en tu compañía.

SEVILLA (II)

Cuán solo se queda el camino,
cuán sola mi alma, la Campana.

Ya no hay trompetas,
ni tambores al alba.

Ya solo queda lo vivido.

Esperanza Macarena en Pureza,
y tú, mi Macarena sola en tu retiro.

Sevilla, sola sin sentido,
solo ese olor a primavera
y mis recuerdos contigo.

SEVILLA (III)

Sevilla que encadena,
con agua bendita y regalada,
la hermosura en sus calles
en ese espejo.

Sevilla que prodigan
tu buen nombre desde Andalucía
y España a los cuatro vientos.

Sevilla de patio,
macetas de luces y sombras,
y paredes de azulejos.

Sevilla que enamoras
de aroma a flor de naranjos,
a jazmín y a incienso.

Sevilla, Sevilla, esa dama
que, de norte a sur,
es surcada por un Guadalquivir
de ensueño.

Sevilla, Sevilla, desde Pureza
y hasta el Arco del Nazareno,
te llevaré siempre en mi alma
recogida en mis sueños.

CÓRDOBA (II)

Hermoso silencio,
alma en paz,
que duermes de historia,
coplas de bordón y prima,
guitarra que desde su silencio
despierta el sueño.

Córdoba, hermosura,
cristiana, cuna de un verso
de aquel poeta
que, con su capote,
desmenuza el arte.

Albero, fuente, agua
y luna, torre y campanario,
canción de aquella cuna
que la rueda en el río declara.

Río de vida
que, a paso lento, caminas
cuan patio perdido
entre nubes de macetas de color.

Córdoba, mujer hermosa,
esculpida por plateros,
pasión, amor,
fortuna de verte,
de rezo a los pies
del Cristo de los Faroles.

O por San Lorenzo,
un padrenuestro.

Eres eso,
el enigma y el duende
que inspira paz y sosiego
a este pobre viejo.

AL PERCHERO DE LA REAL ACADEMIA ESPAÑOLA

Cuánto sombrero descansado
y cuánto gabán sujeto a ese perchero
cargado de letras.

Cuánto pensamiento discutido.
Cuántos silencios de estudio.
Cuánto conocimiento ha soportado
y soporta ese perchero.

Solo él sabe de vientos, de lluvias,
de letras sueltas, vistas y estudiadas,
las viejas y las nuevas.

Dios bendiga la casa de las letras
más importante del universo.

SEVILLA (IV)

Todo queda en silencio,
todos duermen,
menos aquellos agujeros.

Son tinieblas que guardan
al paso del agua cargada
de sueños.

Sois puente o biblioteca,
que guardáis sentimientos.
¿Adónde conduce y qué sostiene
la redondez de esos cuerpos?

¿Quizás, a Sevilla desde el Altozano?
¿Quizás a Triana, sueño de sueños?

Sois el puente aro que sujeta mi alma,
camino que ha partido a un corazón ciego.
Cuántos amores vividos,
cuántos sueños grandes y pequeños.

Cuánta historia transita
por la faz de tu sendero.

Cuánto tiempo vives
y cuánto te echo de menos.

LAGO DE LOS PATOS

Remanso de paz
que en este lago
viven esos patos blancos,
de nieve siempre,
entre el verdor de su agua,
la que da vida a sus riberas
y a mis ojos cansados,
mirarlos de esta manera.
Queda en silencio la playa,
cuando la ola se marcha,
como el dulce canto
de aquel pájaro,
que en la rama dejara
al marcharse su melodía.

«¡Vuelve a mí!», le decía
la arena a la ola.
«Yo no pude volver a oír
tan suave y grata melodía».

¿Vienes de nuevo, amor?
¿O ya estás dormida?

MAESTRANZA

Ronca el ruedo,
cuan capote
besa al albero.

Majestuosa,
como la Maestranza,
sola, sin tomillos
ni romeros;
solo la frialdad
de tu loza
duerme tu silencio.

La luna besa tu frente.
No estás sola,
estás con su compañía
y mis requiebros,
cuan enamorado
jugando por las arcadas
al viento.
Te dejo dormir tranquila,
con mi amor,
con mis besos.

EL ARCO

Tarde que adormece
de blonda el universo.
Flor que celeste,
cuan estrella, dibuja la sangre
en un verso bermellón
que a tus pies duerme.

Alameda que vive y sueña,
dando un beso a San Luis
desde lejos en tu frente.

Quedan en silencio,
tras de sí, el arco
que en silencio duerme,
salidero hacia caminos
que, a mi Vega, ya preguntan
y también quieren verte.

Les mandarán gratos recuerdos
desde esa barandilla,
rojo tan color,
tan bello, tan fuerte.

EL PUENTE

Cordaje que a ese puente sostiene
cuan guitarra cuya cadencia interpreta
la mejor música en esta noche mágica,
para recibir a la musa de los poetas
de Sevilla y de España.

De Graná y con las luces de oro
para debutar y presumir
en ese albero que transporta
los sueños río abajo.

Eres la Maestranza que admiran
ojos que, enamorados y sin parpadear,
se pierden entre el sueño y el silencio
del alma para disfrutar tu contemplación.

Rosa roja que el universo
enamora con tu presencia
y de seguro que no volveré
a verte por mi tiempo a punto de acabar.

Eres belleza y paz desde ese puente,
que cuan guitarra te envía las mejores
notas de amor de este humilde
emborronador de letras.

PEÑA DE LOS ENAMORADOS

Ese velo de tul y de seda
que cubre tu sueño
deja ver tu rostro de piedra.

Te daré un beso de muestra,
amor eterno de primavera.

Y cuando al día despiertes,
con estreno de sonrisa nueva,
te seguiré amando como siempre,
desde mi corazón.

Peña de los Enamorados,
el Indio dormido
de mi Antequera.

GIRALDA

Y si al toque de campana
despiertas mi sueño,
déjame un buen recado.
Que sea un buen recuerdo.

Albero que piso con mi alma,
desde la mente inquieta que tengo,
viendo despacio extender tu capote
en aquel magno ruedo.

Y sin pensar siquiera, pienso
que a mi pensar me abruman
mis recuerdos, entre naranjos,
que dormidos están allá,
olvidados a lo lejos.

Que suenen las trompetas
y dejen salir al morlaco del tiempo,
para compartir juntos
el fin desde tu esfinge Giralda
de aquel tan bello sueño.

SEVILLA Y TRIANA

Mira Sevilla inquieta,
ese puente y su espejo,
el que conduce a Triana,
ese barrio que es de ensueño.

Se detiene el agua un momento
y despacio se marcha luego,
muerta de envidia, en silencio.

Solo queda en ese Guadalquivir
que vino, que llega y se marcha,
ese es su destino.

Llevándose la pintura
el recuerdo del puente
y de ese barrio tan castizo.

CALLEJÓN DEL AIRE

Cuánto recuerdo en ese aire
que traspasa el alma.
Callejón del Aire, de día
y con sol, de noche
y con luna, bajo paraguas
con lluvia o con suspiros
de primavera, otoños
de hojas secas y recuerdos
perdidos en mi memoria.

Ese duende que camina
bajo la mano del amor eterno,
el que se pierde
entre tus angostas paredes
cargadas de miradas perdidas
y envueltas en papel de silencio.

Cada piedra es un verso,
es un romance,
es tan solo eso,
el aire.
Callejón del Aire,
un extraordinario recuerdo.

SILENCIO

Silencio, llega la noche
vestida de gala
para subir escalones
de una escalera que canta.

Sinfonías de belleza
que hasta tus pies te llevará.

Duérmete,
mi noche estrellada,
y dale un beso de amor
a Santa María encantada.

Luces que embrujan
su fachada cada noche
y madrugada.

BELLEZA DE SEVILLA

Belleza que, iluminada y en silencio,
descansa cuando, tímidamente
se asoma esa luna de agosto
a ver tu impresionante rostro.

Sevilla es la realeza de la belleza.

Es una dama que, sin hablar,
solo con mirarla enamora,
tiene ese duende que en verso
es un sortilegio, canción y cuna,
río y vida; es una partitura
que cada día le descubres notas nuevas.

Es simplemente su hermosura,
su singular belleza.
Es eso nada más, Sevilla.

UCRANIA

¿Dónde estás, estando?
¿Dónde lugar, tu descanso?
Viento abatido de llanto,
bala perdida matando.

¿Dónde la fe, perdida, luchando?
De caminos ciegos cegados.
Lágrimas al cielo clamando.
La paz de Ucrania llorando.

PATIO DE SAN FRANCISCO

Patio de San Francisco,
que triste y solo llora.
Cada piedra de tu suelo
es la cuenta de un rosario,
lágrimas de tristeza y desamparo.

Patio de San Francisco,
que atesoras sonrisas y lágrimas,
sudor y llanto.

Hoy, triste, callado y a solas quedas
en el silencio de esta feria,
triste y olvidado.

CALLE SANTA ANA

¡Qué sola está la calle Santa Ana,
duerme en su templo!

Cae la noche estrellada…
Todo está en silencio.
Solo una tenue luz alumbra
tu casa hermosa en silencio.

¡Qué sola está la calle,
dejadme vivir su silencio!

Las estrellas marcan el camino
para que no te pierdas, peregrino.

Y cuando a rezar vuelvas de nuevo,
reza al llegar a Santa Ana
un avemaría con su padrenuestro,
y aunque la calle esté tan sola,
si es necesario, llora.
Hazlo por tus pecados
desde tu corazón luego.

¡Qué sola está la calle,
sola contigo y en silencio!

DOS ESPAÑAS

Ya no cabe ninguna duda
de que mis Españas están revueltas.
No es lo que había soñado
para mi imperio.

Cada una avanza a su manera,
embutida en la traición
del ser que no es.

Si en palacio no se encuentra calor
que las arrope simplemente,
mi imperio morirá.

Vive Dios y hay un cielo
que las cobija,
mas no entendiese menester
que me las pudre y las empobrece.

Solo mi fe en mis vasallos,
en esos hombres y mujeres
que en su corazón atesoran
el legado que les dejé.
Prevalezca ante la ignominia y tropelías,
decesos trabajas de cuento
que emboban a mis súbditos.

Rezo cada noche al Altísimo
para que su camino sea el correcto
y aviso a mis sentimientos
que, desde mi fe,
me acompañó siempre.

No se duerman en cantos de sirenas
producidos por voces de malandrines
que no son ni serán nunca
dinámica acertada,
solo les conduce el llenar
la panza y la bolsa.

Cuídense de esos cánticos oscuros
de sirenas que solo les arrastrarán
hacia la ruina de lo que tantos años
y tantas vidas costó forjar:
mi imperio.

Nuestro imperio para gloria de Dios
y de todos mis súbditos.

JOYA DE ANDALUCÍA

Esa agua mansa de tu río
que la luna refleja cuan espejo
y que lento llega a tu puente,
luz que a los pies de San Rafael
reza y mira tu pasar.

Eres ese duende que la noche
envidia al paso de esa bella mujer,
sortilegio que embruja y enamora
al mismísimo viento.

Eres callejuela de recodos
y romances, de besos perdidos
entre sombras, allá por la ribera.

Eres calor y fuego,
fandango y copla hecha verso,
eres esa pintura, ese sueño,
esa joya de Andalucía... por derecho.

GRANADA (I)

Graná, latifundio de piedra,
sombra, luz y agua.
Princesa que, en silencio,
duermes en la Alhambra.

Aroma en tu aire a jazmín,
a nardos, a miel, a naranja,
que el viento me trae despacio
hasta la sombra de mi alma.

Un clavel que llora
por una rosa en la mañana.
Y, por amor marchito, llora.

Ese jardín, sin flores ahora,
en silencio solo reclama
siempre tu recuerdo para mí.

GRANADA (II)

Sombra rota por esos rayitos de sol,
minarete que, desde tu altura,
dominas cada latido de mi corazón.

Lavaré mi sueño al agua de esa fuente,
la que celosamente guardan tus leones,
cuya fuerza en cada gota necesito
a diario para vivir,

vivir en ti, mi Granada,
ese amor profundo y secreto
que desde mi alma te profeso.

DUENDE

A Córdoba

Silencio, no despiertes a nadie
que pueda verte.
Soy celoso hasta de tu viento,
ese encanto oculto entre luces y sombras.

Multicolor arco iris, patio perdido,
sin nombre que solo tú, Córdoba,
iluminas mis sentidos desde tu silencio.

Canto al agua, a tu luz y a tu color,
embrujo, duende perdido,
ese al que persigo
por tus callejas y plazas.

Eres ese duende, agua de tu fuente,
murmullo que calma mi sed de tu amor,
de tu color y tu silencio…
No despiertes a nadie que te mire.

MÁLAGA

Y si los puñales rompen
mi corazón sin razón aparente,
que mi sangre sea arena
desplegada en las arenas de tu playa,
para después darme la paz y la muerte,
mi Málaga.

BESOS ESCONDIDOS

A los enamorados de la Peña

Nunca te pedí nada,
solo el tintineo
de tu corazón con el mío.

Amor que, como locos,
hemos vivido en las mismas
fuentes del silencio.

Y, ahora, amor mío,
dejada la vida a jirones
por senderos y caminos,
buscamos de nuevo,

sorprendidos, lugares
donde amarnos en el recuerdo.
Es música, mi vida,
la que tu corazón produce
a golpes de besos escondidos.

Y recuerda que, tras la Peña,
escondidos, dimos rienda
suelta a nuestras vidas.

Abrazando nuestros cuerpos
y despeñados para siempre,
con sonrisa contenida,
y tras el corto camino
de la caída,
abrazados para siempre
en un solo cuerpo,
entramos en esta historia
para siempre y de por vida.

SAN LORENZO

San Lorenzo con su minarete
mirando a los cuatro vientos…

No estás derecho,
y… ¡qué más da!

Sí, siempre da igual
y hago tiempo.

Voy un instante y rezo,
para después
venirme hacia Antequera
tan contento.

SEMANA SANTA

LUNES SANTO

Aquel monte de rojo florido
que a tus pies nace,
hoy no quieres que nadie
en la calle te vea.

¡Cuánta tristeza, Cristo Verde,
que el alma compungida
hoy me dejas!

Ese verde primavera
que tu cara limpia
y triste lleva,
hoy no has querido
asomarte ni salir
de San Francisco
en esta nueva primavera.

Lloren en silencio
los que esperan con paciencia
y entristecidos por no verte
hoy venir por estas calles
de mi Antequera.
Y tú, hermano del Santísimo
Cristo de la Sangre, con lágrimas
en el alma, no tengas penas
y aclama y reza por mí ante su cara.

Pídele de mi parte perdón,
que no hay razón para ver tanta
tristeza, siendo tan alta tu belleza
bajo ese palio tan divino
que a tu escultura se apresta.

Y si ese viento divino,
pintado con los colores de primavera,
lleva hoy en su destino
no verte marchar junto a Duranes,
con esos hermanos tan grandes
que solo su fe mueve al mismo ritmo,

déjame, Señor de la Sangre,
un camino que hasta tu lugar
llegue para besar tu realeza
de esos pies tan divinos.

Dame fuerzas, Señor,
y que mi fe no decaiga,
que sea un peregrino más
que a tu casa llega a rezarte.

Y si no puedes salir este año,
rezaré con todo el dolor
de un corazón compartido
por verte reinar en tus calles.

Dame fuerzas, Señor Nazareno
de la Sangre, y solo te pido
que me des tu bendición
y que guardes y guíes mi camino.

Y a ti, mi Señora, la Reina de San Francisco,
María Santísima de la Vera Cruz,
que tu dolor sea el mío,
que tu esplendor y hermosura,
tan guapa como te han vestido,
me sirva tan solo de consuelo
por esa triste vida que has vivido.

Creaste a un hijo que, a sabiendas,
ya conocías su trágico destino
y ni una lágrima de rencor
solo es tu favor con una sonrisa
al viento lo vivido y dándole
gracias a Dios por ese divino Hijo,
que hoy a tu lado está sin poder
salir a ver y a bendecir a su pueblo
con cariño.

Tú, que eres Reina de las Reinas,
bajo ese palio, tan bien mecido
por tus hermanacos, tan bravos,
llevándote sobre sus hombros
como si te quisieran llevar en brazos.

Dales ánimo y amor como tú haces,
dales alegría y afianza su fe en Ti,
mi Señora, María Santísima de la
Vera Cruz, Reina de los Estudiantes
del mundo entero que vienen
a llevarte y a rezarte cada año
a San Francisco.

CRISTO DEL RESCATE

Mirada que al pueblo regalas
de humildad concedida,
y no es más cierto ni verdad
que, como Rey, la maldad
de mis pecados te coronaron
tu Santo Rostro.

Santísimo Cristo del Rescate,
con esa corona de espinas.

Tras tu sentencia, para mí,
guardo los escarnios
y la vergüenza que, por desdicha,
la mano impía te dio.

Tus manos que, agradecidas,
una nos marca el camino,
la otra, debajo, nos ofrece
tu eterno perdón inmerecido.

Santísimo Cristo del Rescate,
que a tus enfermos y moribundos
siempre has bendecido.

Dame paz y luz, y sentido,
para que no me pierda
en este mísero mundo
tan ensombrecido.

ESPERANZA POR PUREZA

Duerme la ciudad,
y la luz juega con el agua
al paso de este puente.
Sus ojos irradian
Esperanza por Pureza,
camino que me lleva
a rezarte y a verte.

SEÑOR DEL MAYOR DOLOR

Miro tu Santo Rostro
de ese azul de cielo,
y mientras te rezo,
mi corazón navega.
Sí, por esa Vega
de mi Antequera y su cielo,
y no hay más que eso,
ese velo de tu rostro,
tan divino y tan sereno,
que solo deja paz
cuando al mirarte veo
el escarnio por los hombres
que por nuestros pecados
te hemos hecho.

Dame paz, Señor,
y consuelo,
y hazme un hueco a tu lado,
allá en la gloria
cuando muera,
si es que lo merezco,
Santísimo Cristo del Mayor Dolor
y Padre Nuestro.

PENITENCIA

Quiero ver tu rostro verde,
como un niño que lo sueña,
inocencia que el tiempo templa.

Con razón, juventud, tesoro
y suerte…
Y, más al verte, yo quiero
vestir mi túnica de verde.

Cuan esperanza llega cada año,
esperando en primavera
para verte.

Déjame volver a la infancia
y darte un beso
con todo mi cariño
para siempre.

MIÉRCOLES SANTO

Hola, Manuel. Has podido
darte un paseo a hombros
de tus legionarios escoltados
en todo momento.

Asomarte tu Divino Rostro
a saludar por San Sebastián
a tu pueblo. Bajaste por Encarnación,
con ese coro de Legionarios
cantándote su himno guerrero.

Subiste por aquella cuesta de pétalos
que, a tu paso, por tus vecinos te mandaban;
luego, y tras bajar por Zapateros,
ante la muchedumbre que te aclama,
que ya en la plaza espera tu regreso,
con una sonrisa en tu rostro,
volviste a tu templo.

Como siempre, allá en el último rincón,
rezaba con los ojos cerrados y recordaba
a todos aquellos que ya no tengo.
Mi padre, José María Alarcón y Romero,
cuánto te echo, me dijo, de menos,
igual que tantos cofrades antiguos
que duermen tristes en su silencio,

porque hoy has decidido no salir.
Lo sé, nos hace falta agua y has preferido
hacerlo y, cómo no, recordar a mis hermanos
cofrades, con los que salía siempre:
Ángel, Pepe y, sobre todo, a mi Juan Guerrero.

¡Cuántos años con nuestras túnicas de negro
y aquel esparto amarrado a nuestro cuerpo!

¡Qué hermosos recuerdos, Manuel,
comenzó a verte con cuatro años
un chiquillo que no se estaba quieto,
y hoy con la edad precisa, la que tú
me aceptas para seguir viviendo!

Recuerdo que fui a Sevilla
para traerte un trono nuevo.
¡Qué bonito estabas!,
como si fueses bajado del cielo
y aquel gentío en la plaza,
unos reían, otros lloraban,
otros te rezaban en silencio.

De aquella banda de trompetas
y tambores, ingenieros de Granada,
¡cómo tocaban…!
Y ya, casi seguro
que nadie se acordará de ello,
y también de aquellas bengalas

rodeando la plaza para decir:
«¡Con Dios, Señor, otro año más
que te alumbro y te doy las gracias
con ese Padrenuestro!

¡Cuántos cirios he limpiado
y puestas sus velas nuevas
entre suspiros y risas,
y dándote gracias por ello!

El barro en aquel carrillo,
alargándoselo a tus camareras
para ponerte ese jardín de flores
de primavera que, al salir,
todo el mundo se quedaba
en silencio.

Recuerdo que una vez
puse mi dedo de niño
en una de tus llagas,
¡y cuánto lloré luego!

Es el escarnio de los hombres,
malos ellos son los que te lo hicieron,
y mi padre para darme consuelo
me decía:
«¡No llores más, hijo!
¿No ves que te está sonriendo
tu Cristo del Mayor Dolor?».

Él no te quiere triste,
te quiere a su lado siempre
y te manda un beso.

Rézale siempre cuanto puedas
y pídele siempre de verdad,
con sentimiento.

Él te ayudará a vivir en tu camino,
y aquí estará siempre para ti,
en este su altar, en su Iglesia,
en su casa todo el tiempo.

Pues sí, así es la vida, Manuel
¡Cuánta hermosura tu rostro,
cuánto dolor del flagelo,
cuán ruin es la historia,
y cuánto por no salir este año,
te echo de menos!

REINA DEL PORTICHUELO

Quién te pregona, Portichuelo,
a los cuatro vientos,
sonata, cánticos de ángeles
que en el cielo
tu nombre lo escriben en verso.

Son tus lágrimas, un ruego,
un dolor, un misterio.
Son la sinrazón de un pueblo
que, sin entender, pelea
causas que, perdidas,
se revuelven en el tiempo.

Hoy te rezo, Señora, desde mi alma,
callado, triste y solo, en silencio,
ese rosario de plegarias y bondades
que te pido para mis gentes,
para mi ciudad, Antequera,
esa preñada de cal tan blanca
que nace en tu plazoleta, mi Reina,
en tu Portichuelo.

TRIANA

Espléndido tu rostro,
belleza en tu alma,
silencio en mi cuerpo
por tu cuerpo que maltrata.

Aquel madero
que a tus hombros
con su peso te adornaban
impíos y tanta gente
en el mundo tan mala.

Dame luz, Señor, dame tu brazo,
que me lleve hasta tu Madre,
que a tu lado en silencio llora,
mi Esperanza de Triana,
y luego, Santísimo Cristo
de las Tres Caídas de Triana.

Déjame acompañarte por tus calles
a Sevilla de madrugada.

Pasar ese puente, que es todo vida
y debajo solo agua y, por eso,
en el mundo entero se conoce,
porque conduce a tu camino,
camino y puente de Triana,

y de regreso de tu señorío
con tu Madre de madrugada,
vuelves de nuevo a pasar
ese río con tu agua,
que es mi fe de nuevo renovada.

AL CACHORRO DE SEVILLA

Si tu expiración es mi pecado
y tu sufrir mi sentimiento,
dame la mano, Cachorro,
y que muera yo por ti.

Sin aire en tus pulmones,
toma el mío desde aquí,
no quiero llevarte flores,
y después verte morir.

Solo darte un rezo con amor
de una mañana que viví
en tu puerta cerrada de dolor.

Y, sin poder decirte adiós,
me vine sin poder sentir,
con mi silencio y todo mi amor.

EN LA CRUZ

¿Quién eres, que en esa cruz suspiras?
¿Por qué de tu mirada al cielo suplicas?

Si yo no soy nadie y tu vista me fascina.
No es el dolor, es la fe la que camina
por mis venas envenenadas y perdidas
de tu fe apartado por tantos días.

Hoy veo tu imagen, tan divina,
y rezo para pedirte paz en el mundo,
en mi alma.

Que tu divina imagen
me bendiga.

SOCORRO Y PAZ

Cuan lanza que al cielo apunta,
desde Citarilla, Socorro y Paz,
arropada en noche oscura
y en silencio callado.

Tu hermosura el cielo deslumbra,
y ni te escondes enfundada
de misterio y belleza decorada.
Amplías el río de mis sentidos,
alborada, que a los tiempos
me reenvías entristecido,
mas en mis sueños te llevaré
siempre desde ahora y cuando
el tiempo me deje adormecido.

Y cuando el tiempo calle,
permanecerá siempre tu esbelta
figura hacia el cielo levantada.

ESPERANZA DE TRIANA

¿Dónde está la aurora?
¿De dónde viene,
de la mar quizás
o del silencio del mundo
que olvida tan pronto
un rostro tan divino?

Ya la siento venir,
viene con campanillas
de estrellas sonando a Gloria.

Qué triste es, Señora,
Tú, la madre del día,
de la noche…,
que el silencio entre barcazas
acuda como palabras libres
lanzadas en un humilde rezo.

Altozano que, inquieto,
recibe ese verso robado a tu río
y, que desde allá,
por tu puente llega
cargado de esperanza a verte.

Tantos que llegan de Cuna,
de la Puerta de Jerez,
de San Vicente,
de aquellos que, a prisa por Torneo,
ya atisban tu hermosura.

Todos en nuestro interior
queremos ser acompañantes
de ese silencio que el viento
nos marca los pasos
que a tu corazón nos lleva.

Dame respiro y déjame
un rinconcito allá, aunque sea
en una baldosa de tu templo.

Si vestida de luto es mi agonía
el verte por tantos y tantos amigos
y familias y enfermos…

Y no hago más que mirarte.
Rezaré por todos y por mí,
incluso el más pobre y humilde
que por la vida camina
cargado de pecados,
pidiéndote en cada tiempo
de tu mano una sentencia.

Esa vida en la que Tres Caídas
envuelve mi estancia
por caminos que lloro
hasta llegar a verte.

Eres Madre de todas las Madres
y espíritu de amor
que, en este mes de noviembre,
de luto te tiene.

Dame Amor y Fe y Esperanza,
dame esa fe que ya me falta
y mis dudas en miedos
y cobardía se convierten.

Dame silencio en esa aurora
que en barca por tu río sube
con un ramo de azahar
tan blanco como la nieve.

Déjame morir despacio,
entre rezos,
entre todos aquellos
que me recuerdan
y me quieren.

Y, cómo no,
después entregar
mi alma a tus pies,
Esperanza de Triana,
cuando me mandes
a nuestra amiga,
la muerte.

ESTATUA DE AMOR

¿Qué me dices de ese cielo,
cargado de tormenta,
que agobia los corazones
amantes sin espera?

No sin antes en abrazo,
bronce fundido que se pierde
entre sus piedras,
en una caída por la Peña,
de ese Indio que, dormido,
contempló de su vivencia.

Mas queda ese amor que acierta
y al mundo no le interesa,
sabiendo de la quimera
es una muerte segura.

¡Cuánto amor y amargura
descubre el tiempo y anhela
Fe y Esperanza que, escrita
a sus plantas, queda
para siempre en estatua
convertida y muerta!

SEMANA SANTA

Te veo y eres un misterio,
un recuerdo…
A cada recodo es verlo,
recordarlo de nuevo.

Ese invierno es cómplice
con ese vientecillo fresco,
en verano con sus toldos,
parando un poco el calor
que cae del cielo.

En primavera, una bella flor,
y por Semana Santa,
ese peculiar puesto de incienso.
Sierpes de corazón,
siempre desde mi Antequera,
te recuerdo,
te llevo tan dentro,
deseando volver el tiempo atrás
y verte de nuevo.

QUERUBINES A LA VERA CRUZ

Benditos querubines que a coro, Señora,
te cantan en la tierra bendita de tu casa,
animan con su canto tu tristeza
y esbozas una sonrisa agradecida.

No hay mal que, sin salida,
y rezando en silencio,
este coro tan magnífico
tu casa por un momento
han alegrado con su canto,
con su luz, su voz, su armonía.

Bendito aquel que en este día
por un momento te rece
con esa voz tan cargada
de sentimiento y alegría.

No estás sola, Señora,
en estos momentos tan difíciles,
agonía de un día que tu hijo
así lo quiso, por el no salir
de casa por esa lluvia bendita.

Gracias al coro y su canto,
que reza y medita y alivia mi alma
con bellas notas de un rezo,
rosario en este día para ti,
Vera Cruz en tan extraordinaria armonía.

PROCESIÓN

Y una fragancia tan divina
al asomarte al balcón
para ver pasar
esa procesión tan vespertina.

Más que ilusión,
ilumina en tu estancia
una luz que cuan divina
a ti te cubre.

Y luego rezas,
con pena y sufrimiento sin motivo,
tan prisionera,
que solo al ver el rostro de Dios
le pides perdón.

SENTENCIA

Te han leído tu sentencia
de la mano de aquel romano,
y yo, pidiendo clemencia
con mi corazón destrozado.

«Que no decaiga tu fe»,
me decías como hermano;
mi suplicio pasará
como mañana tu llanto.

Y cuando al madero
los verdugos te claven,
sujeto mi cuerpo
de pies y manos.

Nunca dejes de mirarme.
Mira y reza al cielo,
hermano, para que
tus pecados yo salve.

COFRADÍA DE LA POLLINICA

¡Cuánto dolor y tristeza, Padre mío,
ver en tu casa el gentío
con tanta desesperación y entereza,
y ver que quien no llora
es porque reza!

Una plegaria al cielo
por si el agua bendita
que nos riega
nos deja un claro
para andar nuestro camino.

Si tú lo quieres así, Señor,
será tu destino,
aunque mi alma en carne viva
llore por dentro de dolor.

Entraste triunfante
en la Jerusalén de mi vida,
y no más que a nadie
por mis pecados me amargue
siempre recordándote.

Bendito, dame paz y amor,
y márcame el camino
para que siempre te acompañe
en este trance tan maligno.

Y déjame ver a tu Madre,
Consolación para mi alma
y Esperanza en mi destino,
en ese trono jardín de infancia
de primaveras florido.

Cuánto amor yo te tengo
en ese dolor por ver a tu Hijo
cómo el pueblo lo aclama
a su entrada triunfal.
Fatal destino que le espera
tras esa alegría plena
que hoy tu sonrisa,
triste empresa,
y con esa ramita de olivo
y aceitunas en tu mano
que por encargo
Pedro González te hizo,
dale paz, aceite y vino
de tu mano milagrosa.

Madre Esperanza y Esposa
de aquel San José bendito,
al que hoy toca sufrir en silencio
le toca como a mí,
Consolación y Esperanza,
vivir junto a ti, mi destino.

Índice